ANTHONY BOLTON

INVESTING AGAINST THE TIDE

INVESTING AGAINST THE TIDE

by Anthony Bolton

Copyright © Anthony Bolton 2009
Korean translation copyright © 2009 by Bookon(KIERI)
All rights reserved.
This translation of INVESTING AGAINST THE TIDE : LESSONS FROM A LIFE RUNNING MONEY
01 edition is published by arrangement with Pearson Education Limited through Amo Agency,
Seoul, Korea.

이 책의 한국어판 저작권은 아모 에이전시를 통해 저작권자와 독점 계약한 부크온(KIERI)에 있습니다.
신저작권법에 의해 한국 내에서 보호를 받는 저작물이므로 무단 전재와 무단 복제를 금합니다.

투자의 전설 앤서니 볼턴

개정2판 1쇄 2024년 10월 30일

지은이 앤서니 볼턴
옮긴이 손정숙

펴낸곳 (주)한국투자교육연구소 부크온
펴낸이 김재영
표지 디자인 강이랑
주소 서울시 영등포구 선유로9길 10, 문래 SK V1센터 1001호
전화 02-723-9004   **팩스** 02-723-9084
홈페이지 www.bookon.co.kr
블로그 blog.naver.com/bookonblog
이메일 book@itooza.com
출판신고 제2010-000003호(2008년 4월 1일 신고)

ISBN 979-11-983759-3-3 13320

◆ 부크온은 한국투자교육연구소 아이투자(itooza.com)의 출판 브랜드입니다.
◆ 파손된 책은 구입하신 곳에서 교환해 드리며, 책값은 뒤표지에 있습니다.
◆ 무단전재나 무단복제를 금합니다.

ANTHONY BOLTON

투자의 전설
앤서니 볼턴

앤서니 볼턴 지음 | 손정숙 옮김

INVESTING AGAINST THE TIDE

🄸 iTOOZA 부크온 BOOK On

감사의 말

이 책을 준비하는 데 값을 매길 수 없는 도움을 준 피델리티의 투자팀 전원에게 감사한다. 많은 이들이 추가 설명이 필요한 부분이나 빠진 주제와 포함되어야 할 주제에 대해 값진 조언을 해주었다.

주의사항

저자 및 출판사는 이 책의 내용에 따라 투자하거나 투자하지 않아 발생한 어떠한 손실에 대해서도 책임이 없다. 독자들은 저자가 특정 증권의 매수 또는 매도를 추천하고 있는 것이 아니라는 점을 유념해야 한다. 기업에 대해 언급하는 것은 예를 들기 위한 것일 뿐이다.

> 가격은 그 자체로 투자자의 행동에 영향을 미친다.
> 떨어지는 주가는 불확실성과 우려를 낳고
> 오르는 주가는 자신감과 확신을 가져다 준다.
> 이런 경향을 이해하는 것이
> 투자에 있어 정말 중요한 부분이다.
> 훌륭한 투자자는 이런 경향에 스스로 저항해야 한다.

contents

감사의 말 / 004

주의사항 / 005

피터 린치가 보낸 추천사 / 010

들어가는 글 / 017

PART 1 전설적 투자자의 원칙과 실전 / 025
  01 좋은 기업, 나쁜 기업을 구별하는 법 / 026
  02 좋은 CEO vs. 나쁜 CEO / 042
  03 이유가 분명할 때만 투자하라 / 051
  04 성공하는 투자자의 기질 / 059
  05 주식 포트폴리오를 구성하는 법 / 067
  06 재무에 대한 평가 / 079
  07 투자 위험을 줄이는 방법 / 085
  08 밸류에이션을 보는 방법 / 097
  09 인수 대상이 될 만한 기업을 골라라 / 107
  10 제일 선호하는 주식의 스타일 / 117
  11 현명하게 사고파는 법 / 127
  12 기술적 분석과 차트는 필요할까 / 133

13 유용한 정보를 찾아내는 눈을 길러라 / 146
14 다른 사람의 아이디어를 적극 활용하라 / 152
15 최고의 매매 타이밍을 잡는 법 / 159
16 투자가 잘 안 될 때 극복하는 법 / 174
17 훌륭한 투자자의 열두 가지 조건 / 180

PART 2 전설적 투자자의 비밀 노트 / 197

18 돈을 벌어준 주식, 돈을 잃게 한 주식 / 198
19 내 생애 최고의 주식, 최악의 주식 / 231
20 투자 세계의 어제와 오늘 / 255
21 투자 세계의 다섯 가지 이슈 / 267

PART 3 전설적 투자자가 밝히는 투자의 진실과 교훈 / 283

앤서니 볼턴이 운용한 펀드 내역 / 294
피델리티 창립자 존슨에 대한 편지 / 295
참고문헌 / 297

피터 린치가 보낸 추천사

앤서니 볼턴과 비교되는 것 자체가 최고의 찬사

여러분이 손에 들고 있는 이 책은 지상 최고 투자가 가운데 한 사람의 통찰을 담고 있다. 투자에서 성공하려면 노력을 해야 한다. 이 책의 페이지를 넘길 때마다 땀 흘린 노력의 중요성을 깨닫기 바란다. 남들보다 한층 더 리서치와 분석에 노력을 쏟는 것이 지속적인 성공을 위한 열쇠가 될 수 있다는 점을 명심하라. 눈을 떼지 않고 유심히 들여다보면 언론이 말하는 투자의 '천재'란 지속적이고 끊임없는 리서치의 산물이라는 점을 알게 될 것이다.

이런 리서치가 결정적인 정보우위를 낳는다. 이에 더해 냉정함, 유연성, 훌륭한 판단력, 치우침과 편견 없는 마음으로 앤서니 볼턴은 몇십 년간 기록적인 복리수익률을 올릴 수 있었다. 이 책에서 그는 투자에 대한 자신의 관점과 오랜 성공을 가져다준 자신의 방법론을 상세하게 들려주고 있다.

나는 주식투자에서 노력과 정보우위, 유연성을 강조한다. "시장에서 게임을 한다play the market(투기적으로 주식투자를 한다는 의미가 포함돼 있음—옮긴이)"라는 말처럼 투자자의 재산에 커다란 해를 입히는 말을 들어본 적이 없기 때문이다. 너무 많은 사람들이, 특히 주식을 고르는 일을 도박이라고 생각한다. 룰렛 게임처럼 운이 중심 역할을 한다고 생각한다. 하지만 주식은 복권도 게임 칩도 아니다.

주식이란 살아 있는 인간이 유동적인 시장과 경제상황 속에서 항상 변화하는 다양한 경쟁자에 맞서 특정 기업에서 얻게 되는 지속적으로 변화하는 지분이다.

주가가 솟아오르거나 추락하는 데는 다 이유가 있다. 그리고 그런 정보는 넓은 안목으로 바라보면 충분히 발견할 수 있다. 하지만 그걸 찾아내는 게 쉽다는 의미는 아니다. 모든 주식에는 고려해야 할 주관적, 객관적 측면이 무수히 많다. 숱한 사실과 분석을 거쳐야만 확신을 얻어 매수 또는 매도 행위를 할 수 있게 된다. 따라서 운이 다하지 않는 동안(운의 작용이란 부인할 수 없는 사실이긴 하다) 현명한 투자자는 미국의 위대한 야구감독 브랜치 리키의 다음과 같은 말을 유념해야 한다. "행운이란 계획한 사람에게만 주어지는 부산물이다."

한때는 월스트리트의 고참 애널리스트나 볼 수 있었던 데이터에 어떤 투자자라도 접근할 수 있을 만큼 오늘날엔 정보가 홍수를 이루고 있다. 하지만 시장에서 거래되는 숱한 기업들 가운데 최고의 성장률을 보이거나 높은 수익률을 올릴 가능성이 있는 기업, 동시에 주식가치가 높아질 기업을 찾기 위해서는 훈련이 필요하다. 피치 못할 실수를 저질렀던 때나 피해갈 수 있었던 때, 그리고 그 이유를 알아내는 것은 더욱 힘든 일이다. 우리 모두는 수없이 많은 실수를 저지르곤 한다.

이 책에서도 보게 되겠지만 성공 투자자로 만들어주는

것은 더 깊게 파고 들어가 폭넓게 탐구하려는 의지, 모든 아이디어에 마음을 열어두는 자세다. 모든 아이디어에는 주식투자의 실패를 가져온 아이디어까지 포함된다. 관련된 모든 사안들을 점검해보고, 투자 아이디어를 검토하며, 과거의 선택에 대한 감상에 젖지 않는 이들에게는 더욱 높은 성공 가능성이 주어진다.

이 책은 한 투자자의 독특한 경험과 시행착오라는 렌즈를 통해 이런 사실을 뚜렷이 보여준다. 또한 세계적으로 손꼽히는 비범한 투자자의 사고와 방법론을 엿볼 수 있게 해준다.

우리는 어마어마한 양의 리서치를 거쳐 확신에 이르는 한 사람을 발견하게 될 것이다. 이런 리서치는 때때로 시장에서 반대되는 트렌드가 지루하게 지속될 때 이에 맞서 버텨나갈 힘이 되어주는 그의 지식 기반이다. 그렇다고 그가 자기 고집에만 얽매여 있는 것은 절대 아니다. 그는 매수 결정을 이끌어낸 바로 그 자제심을 주식의 보유에도 적용한다. 하지만 주식의 펀더멘털이 악화되면 어떠한 이유나 사적인 감정도 그의 매도 결정을 가로막을 수 없다. 이 책을 통해 이런 과정을 대리 체험할 수 있다. 때문에 이 책은 독자들을 위한 재미있는 읽을거리 이상의 역할을 한다. 유용한 경험이자, 공부하고 즐기고 나아가 투자자로서의 자세를 바꿔놓을 수 있는 개인 교사가 될 것이다.

계획한 사람에게만 주어지는 부산물이라는 '행운'에 대해 말하자면 피델리티는 정말 운이 좋았다. 현명한 선배들 가운데 한 명인 빌 번즈가 수십 년 전에 앤서니 볼턴에게 깃든 뛰어난 재능을 알아보았으니 말이다. 1979년 이후 앤서니 볼턴은 피델리티 인터내셔널의 핵심적 인재가 되어갔다. 그의 펀드가 일궈낸 눈부신 성과와 끌어들인 막대한 자산 규모 때문만은 아니다. 그의 업무 스타일과 판단이 젊은 세대의 피델리티 애널리스트와 포트폴리오 운용자들에게 끼친 영향 때문이다.

이런 영향력은 앤서니가 이후 일선에서 물러나 신망 깊은 멘토가 된 2008년까지 이어졌다. 나는 이 새로운 역할에 그만큼 잘 어울리는 사람을 본 적이 없다.

그는 세계 시장에서 손꼽히는 실적을 올렸음에도, 타의 모범이 될 만큼 친절하고 팀워크에 녹아들 줄 아는 사람이다. 정보우위를 얻으려는 그가 뛰어난 청취자라는 점은 놀랍지 않다. 그는 아이디어를 나눠주는 일에도 인색하지 않다. 그와의 대화는 99%의 빛^{light}과 1%의 열정^{heat}을 나누는 일이라고 할 만하다. 그는 가장 '영국적'인 의미에서 '쿨^{cool}'하다. 그는 열렬하면서도 쉽사리 동요되지 않고 격렬하면서도 고요하다. 이것이야말로 자산운용가의 으뜸가는 자질이다. 이책을 통해 독자 여러분도 나처럼 그의 지식의 깊이와 넓이가 다른 곳에 비길 바 없다는 점을 알게 될 것이다.

앤서니와 나는 오랫동안 수많은 주식에 대해 토론했는데, 그 중에 생각나는 한 가지가 바디샵 인터내셔널$^{Body\ Shop\ International}$이다. 우리는 이 회사가 성장해나가는 동안 여러 단계에서 그 주식을 보유했었다. 10여 년 동안 우리는 이 기업과 관련해 여러 가지 얘기들을 나눴다. 초기에 그토록 전도유망하던 기업이 몇 년 동안 재정적 어려움에서 벗어나지 못하면서 악화되었던 사정과 이후 보다 건실해진 재무상태표, 한층 개선된 경영을 통해 다시 부상한 일 그리고 로레알$^{L'Oreal}$에 인수된 필승 전략까지. 무엇보다 기업 펀더멘털의 변화에 대해 생생한 의견을 교환할 수 있었다는 점에 대해 앤서니에게 감사하고 싶다.

다음과 같은 말로 추천사를 마무리하고자 한다. 고맙게도 기자들은 내 투자 스타일과 앤서니 볼턴의 것을 비교하곤 한다. 나 역시 펀드매니저로 활동하면서 상당한 기사와 논평의 대상이 되어왔다. 그 대부분은 아주 관대한 것이었다. 하지만 앤서니 볼턴과 비교되는 것이야말로 최고의 찬사 가운데 하나다. 나를 가장 훌륭한 반열에 포함시켜주기 때문이다.

피터 린치

들어가는 글

시류에 거슬러
투자하라

나는 이 글을 카리브 해로 향하는 3만 6,000피트 상공의 보잉 777기 안에서 쓰기 시작했다. 당시는 12월 29일이었고, 2007년의 증시도 끝나가고 있었다. 12월 31일 월요일의 개장만이 남아 있었으며, 내가 28년간 밤낮없이 매달려 운용한 피델리티 스페셜 시추에이션 펀드Fidelity Special Situation Fund에서 손을 뗀 지도 하루가 지났다. 나는 펀드운용과 주식 선별 작업에서 은퇴했다.

28년간 나의 일상을 꼬박 차지했던 활동과 그에 앞선

2~3년의 투자 활동까지, 이제 자산운용가의 일상에서 떠난다니 묘한 느낌마저 든다. 내 개인적 관심사를 위한 보다 많은 시간을 갖기 위해 내린 결정이지만, 약간 슬픈 감정도 든다. 하지만 하루하루 펀드매니저가 흡수해야 할 산더미 같은 정보, 즉 리포트와 이메일, 음성메일, 미팅, 30여 명의 펀드매니저들과 60여 명의 애널리스트들과의 상호작용을 그리워하지는 않을 것이다. 기업의 사전 보고서를 읽고, 재무상태표를 검토하고, 최고경영자의 말을 메모하고, 애널리스트의 훌륭한 아이디어에 대해 토론하고, 트레이더에게 거래 주문을 내는 일을 더는 할 필요가 없다고 생각하니 믿을 수가 없다. 하지만 조만간 다시 돌아와 이 일을 하고 있으리라고 확신한다.

내가 정말 하고 싶은 한 가지는 지난 30여 년간 내가 배운 것들의 정수를 남에게 전달해주는 일이다. 우선은 동료에게(이것이야말로 향후 몇 년 동안 나의 가장 중요한 활동이 될 것이다), 나아가 보다 많은 독자에게, 즉 이 책을 통해.

이 책에 나온 많은 내용은 피델리티에서 함께 투자를 해온 동료와 나눈 토론에 근거한 것이며, 그 가운데 어떤 것들은 우리 애널리스트나 신참 펀드매니저 교육을 위해 이미 사용하기도 했다. 이 책을 통해 내가 배운 것들을 상세하게 전하려고 한다. 이 책은 전문 투자자나 준전문가급인 아마추어 투자자를 목표 독자로 하고 있다. 하지만 개인투자자들도 많은 부분에 대해 흥미를 가져줬으면 하는 바람이다.

투자에 새로운 것이란 거의 없으며 따라서 나도 다른 투자자들에게 배운 중요한 것들을 언급하거나 그들의 투자원칙을 폭넓게 인용할 것이다(다른 누군가가 이미 말한 것을 내가 출처 없이 말했다면 용서해주기 바란다). 이 책에서 내가 인용한 문장들은 자산운용에 있어 특히 중요하다고 생각하는 것들이다. 나만의 것이 있다면 모든 재료를 뒤섞는 방식에 있다고 할 수 있다.

내가 이 책을 쓰는 동안 유명을 달리한 위대한 투자자 닐스 타우버는 이렇게 말했다. "표절이야말로 훌륭한 투자의 핵심이다." 나는 이 말에 전적으로 동의한다.

투자란 그만큼 현혹되기 쉬운 활동이다. 처음엔 대단히 쉬운 것 같지만 투자 전문가 누구에게 물어봐도 갈수록 생각 이상으로 어려워지더라는 점에 동의할 것이다. 또한 손만 댔다 하면 무슨 일이건 성공하는 똑똑하고 근면하고 헌신적인 사람들이 투자에는 실패하는 경우도 많이 봤다. 그 이유는 무엇일까? 투자는 보기보다 어려우며 특히 지속적으로 잘하기란 더욱 어렵다. 저점 매수, 고점 매도가 결코 쉬운 일은 아니다.

이 책의 원제인 '시류에 거슬러 투자하라$^{investing\ against\ the\ tide}$'는 일반적인 흐름을 거슬러 헤엄치는 데서 행복감, 나아가 보다 큰 편안함을 느끼는 나의 역발상^{contrarian} 접근법을 반영한 것이다.

이 책은 3부로 나눠져 있다.

1부에서는 훌륭한 기업의 조건, 기업 미팅의 방법, 경영진 평가 방법, 주식에 대한 평가 방법, 감정적 요소의 중요성, 포트폴리오 구성 방법 등에 대해 말할 것이다. 잇달아 기업 재무 구조, 부실한 재무상태표의 위험성, 내가 저지른 최대의 실수에 대한 이야기, 가치평가 기법, 인수합병, 업황 회복 주식 또는 턴어라운드 주식, 매매 및 기술적 분석의 활용법 등에 대해 논할 것이다. 또한 정보의 원천, 중개업자 활용, 매수·매도 시점 잡는 법, 거시적 요인, 펀드매니저 성과에 대한 고찰 그리고 훌륭한 펀드매니저의 열두 가지 특성에 대해서도 살펴볼 것이다.

2부에서는 그간의 기업 미팅에서 재미있었던 사례와 내가 투자한 최고의 주식 및 최악의 주식을 소개하고, 내가 몸담아온 기간 동안 자산운용업의 변천사에 대해서도 언급하고자 한다.

마지막으로 투자 세계에 대한 고찰로 책을 마무리할 것이다.

이 책의 맨 마지막 장에는 피델리티 창업자인 존슨에 대한 편지가 소개돼 있다. 투자계의 스타에 대한 존슨의 관점을 드러내는 이 부분에서는 피델리티 조직의 독특한 특성 일부를 요약해 보여줄 것이다. 또한 내가 운용했던 포트폴리오 리스트도 소개할 것이다.

제법 투자 경험이 있는 아마추어 투자자에게 읽고 배울 것이 있도록 책이 쓰여졌기를 바라지만, 때때로 전문용어가 이런 내 의도를 방해할지도 모르겠다는 걱정도 든다. 물론 가급적 어려운 용어를 피하고 가능하면 설명을 곁들이

려 했다. 하지만 이 책은 현금흐름, 기업가치 등의 용어에 대해 상세한 정의를 포함하는 교과서 같은 것은 아니다. 따라서 이런 것들은 독자들이 알고 있다는 가정하에서 서술했다.

책의 말미에서는 훌륭한 투자자의 조건에 대해 상세하게 설명하였다. 그 가운데서도 이 업종에 오래 종사할수록 두 가지 속성, 즉 상식과 인내에 대해 특히 더 장기적인 가치를 부여하고 싶다. 논리적, 객관적, 독립적으로 생각하고 '다른 사람들이 이성을 잃었을 때에도 그것을 유지할 수 있다면' 훌륭한 투자자가 되기 위한 출발선에 선 셈이다.

앤서니 볼턴

〈더 타임스〉 선정 '역사상 최고의 투자자 10인'

TIMES 10
Times Money's top 10 investment gurus

- 벤저민 그레이엄
  Benjamin Graham

- 워런 버핏
  Warren Buffett

- 필립 피셔
  Philip Fisher

- T. 로 프라이스
  T. Rowe Price

- 존 템플턴
  John Templeton

- 닐 우드포트
  Neil Woodford

- 닐스 타우버
  Nils Taube

- 로빈 게펜
  Robin Geffen

- 마크 모비우스
  Mark Mobius

- 앤서니 볼턴
  Anthony Bolton

2008년 10월 영국의 〈더 타임스〉 선정

Principles and practices from a life running money

PART 1

전설적 투자자의 원칙과 실전

Chapter 01

좋은 기업, 나쁜 기업을 구별하는 법

성장하는 데 많은 돈이 필요하지 않은 기업은 특히 매력적이다.

"지금 쇠락 중인 많은 것들이 회복될 것이며
지금 영예로운 많은 것들이 쇠락해갈 것이다."
_ 호라티우스^{Horace}(벤저민 그레이엄, 데이비드 도드의 『증권분석』 첫머리에서 인용)

"우리는 바보라도 경영할 수 있는 사업에 투자해야 한다.
언젠가 바보가 경영자가 될지도 모르기 때문이다." _ 워런 버핏

기업에서 살펴보아야 할 것

주식을 볼 때 나는 항상 투자하고 있는 기업을 평가하는 것부터 시작한다. 얼마나 좋은 기업인가? 그 독점적 사업력franchise은 얼마나 공고한가? 모든 기업은 평등하지 않다. 어떤 기업은 다른 기업보다 나을 수 있지만, 기업 대부분이 새로운 경쟁관계, 환경의 변화 등으로 인해 시시각각 달라진다.

워런 버핏 버크셔 해서웨이 회장의 파트너인 찰리 멍거는 시장, 상표, 제품, 종업원, 유통 채널, 사회 변화에 따라 달라지는 위치 등에 이르기까지 모든 면에 걸쳐 기업의 경쟁우위를 알고 싶어 했다. 그는 기업의 경쟁우위를 '해자垓字(외부 침입에서 지켜주는 사실상의 물리적 방벽)'라고 말했다.

> **우월한 기업은 깊고 영구적인 '해자'를 가지고 있다.**

우월한 기업은 깊고 영구적인 '해자'를 가지고 있다. 그는 또한 장기간 대부분의 기업을 끈질기게 괴롭히는 '경쟁적 파괴competitive destruction의 힘'도 언급했다.

일반적으로 강력한 독점적 사업력을 가진 기업을 보유하면 독점적 사업력이 약한 기업을 보유했을 때보다 더 쉽게 돈을 벌 수 있다. 기업의 생존 능력은 중요하다. 때때로 나는 스스로에게 아주 간단한 질문을 던져본다. "이 기업은 10년 뒤 어떻게 되어 있을까, 오늘날보다 더 가치 있는 기업이 될 수 있을까?" 놀랍게도 너무 많은 기업이 만족할 만한 대답을 제공하지는 못했다. 어떤 비즈니스 모델이 현재의 시장 상황과 수요를 만족시킬 수는 있겠지만, 10년 후까지 똑같은 수요가 있으리라고 예측하는 것은 거의 불가능하다.

또 다른 중요한 질문도 있다. "어떤 기업이 자립할 수 있는가?", "주변의 거시적 변수들로부터 상대적으로 독립성을 유지할 수 있는가?" 일례로 이자율이나 환율에 대단히 민감한 기업은 이에 초연할 수 있는 기업보다 선호도가 떨어진다. 일상용품 수출업자가 이 민감한 범주에 포함된다.

몇 년 전 나는 제품 대부분을 유럽으로 수출하는 중견 기업인 영국의 한 화학회사를 꼼꼼히 들여다보았다. 당시의 파운드 대 유로 환율에선 기업의 업황은 좋았다. 하지만 환율이 15%만 변동해도 사업을 영위할 수 없게 되거나 실질적인 수익성이 거의 없어질 것이라는 걸 알 수 있었다. 이 기업에 투자하지 않기로 결정하는 것은 어렵지 않았다. 나는 스스로의 운명을 통제할 수 있는 기업, 이런 거시적 요인에 지나치게 민감하지 않은 기업을 좋아한다(물론 모든 기업은 어느 정도는 거시 환경의 영향을 받게 된다).

나는 또한 상대적으로 단순한 기업을 좋아한다. 비즈니스 모델이 이해하기 너무 어렵다면 그런 기업은 기꺼이 스쳐 지나간다. 이해하기 쉬운 다른 기업들도 수두룩하기 때문이다.

> **비즈니스 모델이 이해하기 너무 어렵다면 그런 기업은 기꺼이 스쳐 지나간다.**

때론 기업의 재무적 특성을 몇 가지 비율로 요약할 수도 있다. 예를 들어 은행을 볼 때는 주가순자산배수price to book value ratio, PBR(주가/주당순자산. 기업 주가가 순자산에 비해 저평가 또는 고평가되었는지 여부를 보여주는 수치―옮긴이)와 자기자본이익률return on equity, ROE(순이익/자기자본. 기업이 주주로부터 조달한 자기자본을 얼마나 효율적으로 운용하고 있는지 보여주는 지표―옮긴이) 사이의 관계가 중요하다.

최근 한 경쟁업자는 생명보험회사가 나쁜 투자처라고 주장했다. 관리하는 자금 대비 간접비의 비율(예를 들어 2%)

이 너무 높아 고위험을 감수하지 않고는 장기적 가치를 창출하기 어려울 수 있다는 이유였다. 여기서는 한 가지 핵심, 즉 재무비율이 비즈니스 모델의 매력도를 결정하는 중심축이 되었다.

내가 정말 중요한 특징으로 간주하는 것은 기업이 중기적으로 현금을 창출할 수 있느냐는 점이다. 나는 현금을 창출하는 기업이 현금을 소모하는 기업보다 우월하다고 믿는다. 이러한 점 때문에 내가 운영하는 포트폴리오는 제조업이 아닌 서비스업종에 편향되어 있다.

> **내가 정말 중요한 특징으로 간주하는 것은 기업이 중기에 걸쳐 현금을 창출할 수 있느냐는 점이다.**

성장하는 데 많은 자본이 필요하지 않은 기업은 특히 매력적이다. 현금흐름투자수익률cash-on-cash return(연간 세전 현금흐름/총 투자 현금. 투자한 현금 총액 대비 한 해 벌어들이는 현금을 측정—옮긴이)은 밸류에이션valuation 측면에서의 매력도를 측정하는 궁극적 수단이다.

현금 창출과 성장 가운데 하나를 택하라면 대부분의 사모투자자Private Equity(증시 등 공개시장을 통하지 않고 소수의 특정 투자자들로부터 자금을 모아 주식 등에 투자하는 투자 주체. 일반적으로 사모펀드를 지칭함)들처럼 나는 일반적으로 현금을 선호한다.

상당한 기간 동안 10% 이상의 복리수익률을 지속적으로 창출하는 기업은 극히 드물다. 평균으로의 회귀$^{mean\ reversion}$는 자본주의의 자명한 이치 가운데 하나라는 점을 기억해야 한다. 대부분의 기업에서 매출 성장, 자본수익률 등 성과 평가에 사용된 재무 관련 통계는 시간이 흐름에 따라 평균으로 회귀했다. 이런 평균 회귀는 밸류에이션에도, 때에 따라 경영자의 능력에도 적용된다.

기업과 직접 접촉하라

투자 과정에서 내가 중요하게 여기는 정보의 원천 가운데 하나는 투자하고 있거나 투자를 고려 중인 기업 경영진과의 대화다.

처음 보는 기업과 첫 미팅을 가질 때는 대부분의 시간이 질문으로 이루어진다. 이를 통해 나는 기업의 독점적 사업력(그 강점과 약점)에 대해 정보에 근거한 시각을 가질 수 있게 된다. 첫 미팅은 최고경영진과의 자리여야 할 필요는 없다. 능력 있는 IR 관계자와 만나면 세부적인 기업 내용에 대한 설명을 듣고, 그 기업의 독점적 사업력을 평가하는 데도 도움을 받을 수 있다. 물론 그 뒤로는 경영진도 만나야 한다.

이 같은 미팅의 성격은 지난 30여 년간 크게 변해왔다. 많은 기업, 특히 유럽 기업들의 경영진과는 만나기가 어려웠다. 이들은 우리가 최우선적으로 경영진들부터 만나고 싶어 하는 이유를 잘못 짐작하곤 했다. 초창기엔 미팅을 가지려면 그곳이 어디든 간에 해당 기업의 사무실이 있는 곳으로 찾아가야 했다. 사무실이 런던에 있을 경우엔 십중팔구 단체 회합이 되곤 했다(주식 중개업자broker의 사무실에서 점심식사를 하기 일쑤였다). 하지만 지금은 우리 사무실에서의 단독미팅으로 바뀌었다(물론 아직도 우리 쪽에서 그들의 사무실을 방문하여 회의실에서 미팅을 하기도 하지만).

오늘날 주식 중개업자가 기관투자자에게 제공하는 가장 중요한 서비스는 그런 만남을 주선하는 일이다. 내가 잘 아는 한 냉소적 주식 중개업자의 말에 따르면 기업이란 놀이공원처럼 방문객을 유혹하는 곳이지만, 이들의 주된 상대는 개인 방문객이라기보다는 기관투자자라는 것이다.

기업들은 다른 기업 주식보다 자기 기업 주식에 투자하는 편이 보다 매력적으로 보이도록 만들기 위해 최선을 다한다. 이를 통해 잠재적인 투자자를 유혹하는 것은 물론, 현 주주들을 좀 더 오래 붙들어두고자 한다. 여기서 진실의 일단을 엿볼 수 있다.

절대로 그냥 만나지 마라

기업과 직접 접촉하기 전에 내가 살펴보는 것들이 있다.

첫 번째로 주식의 움직임을 보여주는 3년, 5년, 10년간의 그래프를 연구하는 것이다.

다음으로는 몇 가지 밸류에이션 지표를 살펴본다. 나는 주가수익배수$^{\text{price-earning ratio, PER}}$, 주가순자산배수, 주가매출액배수$^{\text{price to sales ratio, PSR}}$ 또는 기업가치-매출배수 $^{\text{EV/sales}}$, EV/EBITDA〔기업가치^{EV}를 EBITDA(법인세, 이자, 감가상각비 차감 전 영업이익)로 나눈 값으로, 낮을수록 저평가됐음을 나타냄—옮긴이] 등 가능한 한 오랜 기간에 걸친 밸류에이션 측정치를 확보하고자 한다.

가능하다면 20년 동안의 차트를, 불가능하다면 기업이 적어도 한 번의 완전한 사이클을 그리는 동안의 차트를 살펴보려고 한다. 나는 10년 미만의 자료는 사실을 왜곡할 수도 있다고 생각한다. 왜냐하면 다양한 기업 환경에 충분히 노출되지 않았기 때문이다.

나는 또한 현재의 밸류에이션을 역사적 수치와 비교해 보고자 한다. 주가가 역사적으로 높은 편인지, 평균 근처인지, 낮은지를 살펴본다(물론 내 주의를 끄는 것은 낮은 경우다).

다음으로는 내부자거래의 역사를 보여주는 차트를 본다. 이를 위해 최대주주 20명의 명부를 살펴볼 것이다(투자자들은 때때로 주주 명부를 무시하는 잘못을 저지르고 있다). 나는 주주들이 다변화되어 있는지 아니면 집중되어 있는지(즉 소수의 투자자가 기업을 지배하고 있는지)를 검토한다. 때론 주주 명부의 기관투자자 이름을 통해서도 정보를 얻을 수 있다. 기관투자자들 가운데에는 특정 투자자를 다른 투자자보다 더 높이 평가하기도 하는데, 그런 기관투자자의 이름

한두 개가 명부에 올라 있다는 것은 긍정적이다.

나는 내부자 지분이 얼마나 되는지도 볼 것이다. 재무 건전성 보고서(이 책의 7장 참조), 순매도 포지션과 장기간에 걸친 그 변동 상황을 보여주는 차트, 신용파산^{credit default} 관련 상품(회사채 등이 부도날 때 채권 보유자가 원금을 상환받을 수 있게 설계된 보험 성격의 신용파생상품—옮긴이)이 있는 경우 그 스프레드^{spread}(가산 금리. 채권이나 대출 금리를 정할 때 기준 금리에 덧붙이는 위험가중 금리를 말한다—옮긴이)도 살펴볼 것이다. 이는 앞으로 일어날 문제를 미리 보여주는 지표로 브로커가 주식을 좋아하는지 싫어하는지, 기관투자자가 어떤 주식을 많이 보유하고 있는지 적게 보유하고 있는지를 알려주는 지표가 될 수 있다.

수익의 증가세 또는 하락세를 보여주는 차트도 살펴보아야 한다. 이를 통해 평균적 기대치가 개선되고 있는지, 악화되고 있는지 한눈에 볼 수 있다. 뿐만 아니라 나는 최근의 기업 실적과 언론 기사를 비롯한 모든 공식적 발표자료를 보고자 한다(나는 최근에 발표된 수치까지 모두 알고 싶다. 왜냐하면 경영진과 보다 영양가 있는 토론을 하기 위해서다).

성과와 관련된 재무제표는 반드시 원본으로 읽으려고 한다. 경영진은 단어와 표현의 선택에 많은 공을 들이는데, 이것들이 언론용 요약본에서는 표기되지 않을 수도 있기 때문이다.

이어 중개업자의 최신 의견 몇 개를, 가능하다면 부정적인 쪽, 긍정적인 쪽 모두를 살펴볼 것이다. 우리 내부 애널리스트의 의견과 재무 모델도 볼 것이다.

마지막으로 가장 중요한 것은 지난번 미팅 때 내 손으로 직접 썼던 기록들을 재검토하는 것이다.

기업 보고서는 원본으로 읽는 편을 선호하지만 기업 측 전망company guidance에 대해서는 보다 회의적인 자세를 유지한다. 기업이 세세한 전망치를 내놓으며 자사 이익이 특정한 정도로 증가하거나 감소할 거라고 말하면, 애널리스트들은 이를 무비판적으로 받아 적기 일쑤다. 나는 기업이 어떻게 그런 결론에 도달했는지, 그런 최종 수치가 나오기까지 채택된 가정에 동의할 수 있는지를 알고자 한다.

기업의 비즈니스 모델을 확인하라-미팅의 목적

우리의 사무실에서 이뤄지는 미팅에서는 일반적으로 기업의 최고경영자나 재무책임자 등을 만나게 된다. 이런 미팅은 해당 기업을 담당하는 우리 애널리스트들이 준비한다. 미팅을 갖기 전 애널리스트들은 자신들이 작성한 질문지와 해당 기업의 최근 재무 모델 정보를 우리에게 나눠준다. 미팅은 한 시간 내지 한 시간 반가량 이어진다(물론 미팅 시간은 종종 이보다 길어지거나 짧아지기도 한다).

여기서 중요한 점은 우리가 의제를 설정하는 것을 선호한다는 것이다. 물론 기업과 첫 만남을 갖는 자리라든지, 기업 쪽에서 특정한 거래를 위해 우리를 만나러 오는 경우 등은 예외다. 우리는 경영 전략, 최근의 성과, 새로운 발전 방향 등은 물론 재무와 관련된 기업 추세에 대해서도 토론하고자 한다. 매출, 판매 가격, 매출총이익, 원가, 영업이익, 이자비용, 세금, 기타 문제에 이르기까지 이런 추세에 대해 부서별로 세세하게 검토하고자 한다. 이를 통해 우리는 해당 기업의 재무상황을 훨씬 잘 파악하게 된다. 재무상태표에서 이끌어낸 지표인 자본적지출, 운전자본, 부채, 부채

조달 조건 등도 토론 목록에 포함된다.

미팅이 끝나고 나면 우리가 해당 기업의 비즈니스 모델과 여기에 영향을 미치는 주요한 요인들을 모두 이해하게 되었다고 생각할 수 있기를 바란다. 기업의 전략을 이해하게 되었으며, 경영진과 그들의 열의에 온당한 인상을 받았다고 믿을 수 있었으면 좋겠다. 잘 되고 있는 분야뿐 아니라 다소 뒤떨어지는 분야까지 업황과 최근의 추세를 모두 이해하게 되었다고 말이다. 기업의 부서별 전망 및 시장 전반의 전망에 대한 기업 관계자들의 견해와 궁극적으로는 손익계산서, 현금흐름표, 재무상태표까지 종합적으로 모두 이해하게 되어 많은 경쟁자나 대부분의 중개업자보다 우리가 훨씬 정교하고 정확한 모델을 수립할 수 있게 됐다는 확신을 가지고 싶다.

나는 미팅의 마지막 몇 분(또는 관계자들이 다 모이길 기다리는 최초의 몇 분)간을 항상 경쟁자에 대한, 또는 공급업자나 고객 같은 해당 기업의 비즈니스 파트너에 대한 얘기에 할애한다. 그러나 모든 기업의 경영진이 경쟁자에 대해 얘기하진 않는다. 그런 얘기가 기밀을 누설하는 것일 수도 있기 때문이다.

결정적으로 우리의 마음이 동하는 것은 기업이 경쟁자에 대해 긍정적으로 얘기할 때다. 나는 그런 견해를 대단히 중요하게 여긴다. 일반적으로 기업이 우리가 예상하고 있는 것과 반대로 말할 때 우리는 그것들을 몇 배 더 중요하게 여기게 된다(예를 들어 보통 우리는 기업이 경쟁자에 대해 회의적인 시각을 드러내리라고 예상하기 때문이다). 그들이 우리가 예상하는 대로 말할 때(예를 들어 모든 영역에서 사업이 잘되어가고 있다든지) 나는 보다 회의적이 되어 가능한 한 어떤 형태로든 구체적인 확증을 얻고 싶어진다. 그 대부분이 거짓말이어서가 아니라 많은 '정보 조작spin'이 이뤄지고 있기 때문이다. 그럴듯한 정보 조작을 꿰뚫어보는 것이 우리 일의 가장 중요한 측면 가운데 하나다.

마지막으로 기업이 얼마나 위험도 높은 비즈니스 모델을 가지고 있는지도 검토해볼 가치가 있다. 어떤 기업은 다른 기업보다 위험도가 더 높다. 이는 재무상태표의 구조 탓인 경우도 많지만 때로는 기업 고유의 속성 때문이기도 하다.

노던락Northern Rock(영국 은행의 하나로 경영 위기로 인해

2008년 초 국유화됨—옮긴이)의 최근 사례가 이를 잘 보여준다. 노던락은 사업이나 경영 전반에는 심각한 잘못이 없었다(물론 이 은행이 지나치게 성장에 초점을 맞춘 측면은 있었다). 하지만 도매시장을 통한 자금 조달$^{\text{wholesale funding}}$이 경쟁자들보다 훨씬 많았다(즉 예금자를 통한 자금 조달보다 다른 은행을 통한 조달에 더 의존하고 있었다). 대부분의 상황에선 이것이 문제될 것은 없다. 하지만 2007년처럼 상황이 바뀌어 은행을 통한 자금 조달의 가능성은 낮아지고 조달 비용이 솟구치게 되면, 비즈니스 모델 전체가 위험에 빠질 수 있다. 이것을 우리는 2007년 7월에 정말 극적으로 목격했다.

Chapter 02

좋은 CEO vs. 나쁜 CEO

신뢰할 수 있는 경영자에게만 투자하라.

"탁월하기로 이름난 경영자라도 경제성 없기로 악명 높은 기업을 맡으면,
남는 것은 기업의 악명뿐이다." _ 워런 버핏

"우리는 솔직함이 경영자인 우리에게 이로운 것이라고 믿는다.
대중을 속이는 CEO는 결국 사생활에서도 스스로를 속이게 된다."
_ 워런 버핏

"기업의 경영자를 알게 된다는 것은 결혼하는 것과 같은 일이다.
직접 살아보기 전까지는 그 사람을 정말 알 수 없다.
경영자와 함께 살아보기 전까지는 그들을 정말 알 수 없다." _ 필립 피셔

경영진 평가

시간이 흐를수록 나는 경영진의 정직성과 개방성에 더 높은 점수를 주게 되었다. 자산운용업에 뛰어든 초창기의 나였다면 아마도 독점적 사업력이 마음에 들었다면 경영진의 능력이나 청렴성 등에 의구심이 생겨도 해당 기업의 주식을 샀을 것이다.

하지만 지금은 아니다. 1980년대 말부터 1990년대 초까지 나는 그런 유형의 기업들(경영진의 능력이나 청렴성에 의구심이 생기는 기업) 때문에 톡톡히 교훈을 얻었다. 사외이사나 외부 회계사들이 걸러낸다고 해도 경영진이 투자자를 속이기로 마음먹는다면 그럴 수 있는 여지는 무궁무진하다. 장기간 속이는 것도 얼마든지 가능하다. 따라서 경영진이 아무리 유능해 보여도 개방적이지 않다면 이는 중대한 결격사유가 된다.

기업의 경영진을 만날 때 내가 평가하고자 하는 것은 그들의 능력과 성격(천성이 낙관적인지, 비관적인지)은 물론, 그들이 전략 중심적인지 관리 중심적인지, 어떻게 일하는지, 그리고 무엇보다 중요한 것으로 그들의 인센티브는 어떻게 결정되는지 등이다.

첫 만남에서 대단히 좋은 인상을 남긴 경영진과의 만남이 이어진다고 해도 그에 걸맞은 실천을 보여주지 못하는 경우를 종종 보아왔다. 따라서 나는 자신들의 회사에 대해 균형 잡힌 견해를 피력하되 이를 제대로 이행하는 경영진을 좋아한다. 항상 계획 이상의 성과를 내는 경영진이라면 금상첨화다.

경영진의 능력은 장기간에 걸쳐 정기적인 만남을 가져야만 제대로 평가할 수 있다는 것을 나는 알게 됐다. 이런 식의 접근을 할 수 있다면 운이 좋은 경우다. 단 한 번의 만남으로 경영진을 정확하게 평가하기란 매우 어렵다. 경영진을 몇 년간 수시로 만날 수만 있다면 누가 그 자리에 걸맞은 자질을 갖췄는지 아닌지를 판단할 수 있는 안테나가 발달할 것이다. 나는 보통 경영진에 대해 심각한 의문점이 생기는 기업은 제외한다. 기준을 충족시켜주는 기업은 얼마든지 있기 때문이다.

단 한 번의 미팅을 통해 훌륭한 경영자로서의 자질과 조건을 갖추고 있는지 평가하는 것은 결코 쉬운 일이 아니다.

> **내게 깊은 인상을 주는 경영자는 일반적으로 해당 회사에 대해 전략적으로나, 관리적으로나, 그리고 재무적으로나 구체적으로 잘 알고 있는 사람들이다.**

하지만 내게 깊은 인상을 주는 경영진은 일반적으로 해당 회사에 대해 전략적으로나, 관리적으로나, 그리고 재무적으로나 구체적으로 잘 알고 있는 사람들이다. 이런 경영진은 일반적으로 일에 미쳐 있기 십상이다. 장시간 일하며 자기 팀에는 높은 성과와 뛰어난 역량을 요구한다. 당연히 자신감이 강하며 자기 일의 정상에 서 있지만 오만하지도 않다.

일반적으로 나는 경영진이 자기 위치에 걸맞은 상당한 수준의 지분을 갖고 있는 기업을 선호한다(주식 옵션을 갖고 있기보다는 주식을 갖고 있는 편이 낫다. 그래야만 경영진이 올리는 성과가 그에 대한 보상과 더욱 일치하기 때문이다). 또한 나는 경영진과 주주의 목표가 일치해야 한다고 생각한다.

때때로 자기 회사 주식을 별로 보유하고 있지 않은 대기업의 경영진과 만날 때면, 나는 그들이 뭐라고 말하건 그들을 움직이는 주요한 동기가 대기업 경영진이라는 명성과 신분(경영진으로서의 특전은 말할 것도 없고)이며, 주주에 대한 배당은 낮으리라는 인상을 지울 수가 없다.

나는 최근 몇 년간 특정한 질문에 대해 경영진이 어떻게 반응하느냐에 못지않게 질문에 답하는 그들의 방식과 태도에 관심을 갖게 되었다. 종종 그들이 대답하기에 불편할 수 있는 질문들을 던질 때도 있다(우리가 경영진에 반감을 가져서가 아니다. 오히려 우리는 그들이 피델리티에서의 미팅을 다른 어떤 기관이나 헤지펀드 매니저와의 미팅보다 즐거운 것으로 여겼으면 한다). 나는 또한 일부러 부정적인 관점에서 질문을 던질 수도 있다.

예를 들어 한 영국 기업과 토론할 때 중국에 나가 있는 제조 관련 부서와 관련해 "당신네 중국 일은 잘 돼가고 있습니까?"라고 묻는다면 대답은 "네"일 게 뻔하다. 대신 나는 이렇게 말할 것이다. "일부 기업들은 중국에서 제조 부서를 운영한다는 게 당초 생각보다 난관이 많다는 걸 알게 됐다고들 하더군요." 이렇게 말하면 보다 흥미롭고 열정적인 대답을 얻을 수 있다.

우리의 투자 결정 절차에서 더욱 중요한 사항 가운데 하나는 내부자들이 자기 회사 주식에 대해 어떤 태도를 취하는지를 지켜보는 것이다. 내가 오로지 그들의 태도만 보고

> **우리의 투자 결정 절차에서 더욱 중요한 사항 가운데 하나는 내부자들이 자기 회사 주식에 대해 어떤 태도를 취하는지를 지켜보는 것이다.**

결정을 내리진 않겠지만, 그것을 통해 다른 지표들이 보내고 있는 신호가 믿을 만한 것인지는 확인할 수 있다. 이는 경영이 개선되고 있는지 나빠지고 있는지를 알려주는 매우 유용한 선도 지표가 될 수 있다.

나는 날마다 중요도 순서로 정리되어 있는 내부자거래 목록을 받아보는데, 그 목록에서 우선 거래의 크기를 고려한다. 일회성인지, 다른 내부자들의 거래가 더 있는지도 따져본다.

개별 주체가 기회주의적으로 주식을 사고판 전력이 있는지도 알아야 한다. 거래 주체가 최고경영자이거나 재무담당이사인지도 중요하다(나는 예를 들어 관리담당이사나 비경영진의 거래보다 이런 경우를 더욱 중요시한다).

일부에서는 이때 매수가 매도보다 훨씬 중요하다고 말한다. 나는 부분적으로만 이에 동의한다. 지분을 많이 가진 대주주들이 있는 기업들의 창업자들은 주가가 양호하다면 시간을 두고 점진적으로 지분을 줄이고 싶을 것이다. 따라서 나 역시 이런 유형의 매도는 별로 중요하게 생각하지 않는다(물론 매도의 타이밍에서 정보를 얻을 수는 있다).

가장 중요한 경우는 내부자가 내가 예측한 바와는 다른 거래를 할 때이다. 예를 들어 이사들이 이미 상당히 오른 주식을 대량으로 사들인다든지, 많이 떨어진 주식을 판다든지 하는 경우다. 일반적인 경우는 아니지만 이런 거래가 나타나면 유심히 지켜보라. 많은 정보를 얻을 수 있을 것이다. 오늘날엔 이사들이 그들의 행동을 직접 설명하기도 하지만, 나는 이와 관련된 정확한 사정을 알기 전까진 여기에 큰 비중을 두지 않는다.

내가 배운 또 다른 점은 사람이란 변하지 않는다는 것이다. 평균적인 펀드매니저의 재임 기간은 고작 몇 년에 불과하다. 이 때문에 때때로 10~20여 년 전에 우리를 실망시킨 기업가가 다시 돌아오기도 한다. 많은 펀드매니저들이 이들의 과거 경력을 알지 못하거나 무시한다. 나는 일반적으로 이런 상황에 놓인 주식은 피하고자 한다. 하지만 투자하게 된다면 나는 훨씬 더 깊숙이 사정을 알아볼 것이다. 투자자들을 한 번 낙담시키거나 실망시킨 경영자는 다시 또 그럴 확률이 높기 때문이다.

여러분이 믿는 경영자에게 투자해야 한다. 워런 버핏은 딸과 결혼시키고 싶은 경영자를 고용하거나 그의 기업에 투자하겠다고 말했다. 그렇게까지 멀리 나아갈 필요는 없겠지만, 그 감정만은 충분히 이해할 만하다.

Chapter 03

이유가 분명할 때만 투자하라

보유한 모든 주식에는
투자 근거가 분명해야 한다.

"투자자는 주식을 기업의 작은 일부분으로 보아야 한다." _ 워런 버핏

"주식은 당신이 그 소유자인지 모른다." _ 워런 버핏

"주가의 움직임은 뭔가 새로운 진전이 생겼다는 것이
일반적으로 알려지기도 전에 사실상 이를 반영하기 시작한다." _ 아서 지켈

내 동료인 피터 린치는 우리가 특정 주식을 보유하고 있는 이유를 우리의 10대 아들딸도 이해할 수 있도록 몇 문장으로 요약할 수 있어야 한다

> **❝ 당신이 특정 주식을 보유하고 있는 이유를 당신의 10대 아들딸도 이해할 수 있도록 몇 문장으로 요약할 수 있어야 한다. ❞**

고 했다. 훌륭한 조언이다. 이것이 투자 근거investment thesis다. 여러분은 이 근거를 일정한 간격을 두고 지속적으로 재검토해보아야 한다. 또한 여러분의 투자 근거가 특정 주식을 보유하면 왜 좋은지 설명할 수 있다고 해도, 이를 보유하기에 나쁜 주식으로 만들어버리는 일은 없는지, 있다면 어떤 것인지, 즉 반대 근거antithesis도 염두에 두고 있어야 한다.

보유하고 있는 주식의 매력을 잘 알고 있다고 해도, 주가를 하락시킬 수 있는 부정적 요인 역시 생각해보는 것도 좋은 훈련이 될 것이다. 나는 특히 우리 견해에 동의하지 않는 주식 중개업자의 리서치 자료를 읽어보고, 우리 애널리스트들과 이 중개업자가 틀렸다고 생각하는 이유에 대해 토론하는 것을 좋아한다. 여러분이 보유한 모든 주식에는 투자 근거가 있어야 한다.

충동적으로 또는 남의 귀띔을 듣고 주식을 사는 일은 절대 피해야 한다. 피터 린치는 의사가 자신의 의료 지식을 동원해 기업의 실제 사정을 알아볼 여지가 더 많은 바이오테크기업에 투자할 생각은 하지 않고 친구나 신문, 중개업자의 말을 믿고 석유탐사기업의 주식을 사는 일을 이해할 수 없다고 말했다. 여러분이 경쟁우위를 가지고 있는 분야에 투자하라.

주식을 기업의 일부분으로 생각하라는 워런 버핏의 충고를 기억하라. 주식을 매수하기 위한 좋은 출발점은 어떤 가격에 그 기업 전체를 사들인다고 생각해보는 것이다. 이는 물론 우리가 기업 전체를 사들인다는 얘기가 아니다. 우리는 가격이 등락하는 주식을 사들이지만, 주가에는 부가적 요소가 있음을 인지해야 한다.

주식을 매수했던 가격은 잊어야 한다는 것이 가장 중요하다. 그렇지 않으면 이후 주가가 떨어질 때 이것은 심리적 장애물이 될 수 있다.

❝ 주식을 매수했던 가격은 잊어야 한다. ❞

투자 근거가 핵심이다. 이를 정기적으로 되돌아보라. 투자 근거가 나쁜 쪽으로 바뀌어 주식이 더는 매수 대상이 아닌, 즉 매도 대상이 되어버리면 주식이 매수가격 이하로 떨어졌는지 여부와 관계없이 행동에 나서야 한다. 최초의 근거가 옳았다는 것을 증명하려고 지금껏 지속적으로 돈을 잃기만 해온 주식에 매달려 돈을 벌려고 하는 것은 매우 위험하다.

투자의 일반 법칙에 비춰보면 손해를 본 방식을 답습하는 것은 좋은 행태가 아니다. 나는 운 좋게도 숫자에 대한 기억력이 나빠서 주식을 샀던 가격을 잘 기억하지 못한다(이것이 다른 사람들에겐 놀라운 일인가 보다!). 최근 한 포트폴리오 매니저가 내게 이렇게 물었다. "당신이 사들인 주식의 투자 근거가 틀렸다는 게 입증됐으나 주가가 대단히 싼 가격까지 떨어졌다면 이 주식을 계속 보유하겠는가?" 내 견해는 투자 근거가 무너졌다면 밸류에이션이 아무리 매력적이라도 팔아야 한다는 것이다.

나는 한 번도 내가 보유한 주식의 목표가격을 설정해본 적이 없다. 하지만 정기적 간격을 두고 내 투자 근거를 재검토하여 사실에 입각한 확신의 정도를 평가하는 일은 반드시

> **나는 한 번도 내가 보유한 주식의 목표가격을 설정해본 적이 없다.**

해나가려고 한다. 나는 목표가격이 아니라 사실에 입각한 확신의 관점에서 생각하는 것을 더 선호한다.

나는 이 주식의 잠재적 수익률은 20%이고, 저 주식은 50%라는 등의 방식으로 생각하지 않는다. 또한 콕 집어 목표가격을 제시하려면 미래에 대해 정교한 예측을 해야 하는데, 그럴 정도로 정교한 예측이 가능하다고 믿지 않는다. 차라리 목표가격대$^{price\ band}$를 설정하는 게 적절하다.

일반적으로 많은 투자자들은 기업의 미래가 대단히 정교하게 예측될 때 편안함을 느끼고, 예측이 정교할수록 정확할 가능성도 높아진다고 생각한다. 하지만 이것은 위험한 가정이며, 일반적으로 옳지 않다. 나는 때때로 주식 중개업자들이 대단히 구체적인 목표가격을 제시하는 것은 자신들의 예측 능력이 경쟁자보다 낫다는 것을 보여주려는 시도라고 생각한다. 하지만 목표가격이 구체적이라고 해서 예측 능력도 높다고 생각하는 것은 잘못된 것이다.

단기적으로 주가는 대부분의 매수자가 지불하고자 하는 가격보다는 약간 높고, 매도자가 나타나기 시작하는 가격보다는 약간 낮은 수준에서 형성된다. 이것은 깨어지기 쉬운 균형이다. 약간의 외부 변화만 있어도 균형은 무너질 수 있다.

1~2년 이상 실적과 주가가 괴리되는 경우도 있긴 하지만, 대부분의 주가는 장기적으로 기업 이익을 따라간다. 따라서 기업 이익을 예측하는 일은 투자 전문가들의 가장 중요한 임무 가운데 하나다. 시티^{City}(런던의 금융 중심지—옮긴이)의 애널리스트들은 이 일에 막대한 시간을 쏟아붓는다. 내가 보기엔 기업이 보유한 독점적 사업력의 품질을 평가하는 쪽이 훨씬 중요해 보이는 데도 말이다.

나는 주식을 볼 때 대략 다음의 여섯 가지 요인을 고려한다. 이 책에서 이 여섯 가지 요인에 대해 보다 상세하게 다루고자 한다.

- 독점적 사업력의 질(1장)
- 경영진(2장)
- 재무(6장)
- 밸류에이션(8장)

- M&A 가능성(9장)
- 기술적 분석(12장)

Chapter **04**

성공하는 투자자의 기질

독자적으로 생각하는 일과
시장에 귀 기울이는 일이 합쳐질 때
성공적인 투자가 이뤄진다.

"여러분의 파트너 가운데 하나인 미스터 마켓Mr. Market(주식시장)은 사실 대단히 친절한 인물이다. 그는 날마다 자신이 생각하는 여러분의 주식가격을 말해주고 나아가 이 가격을 토대로 여러분의 주식을 사들이거나 여러분에게 주식을 추가로 팔겠다고 제안한다. 때때로 주가에 대한 그의 생각은 여러분이 알고 있는 기업의 발전 방향이나 전망에 비춰볼 때 그럴싸해 보이고 정당하게 느껴지기도 한다. 하지만 종종 미스터 마켓은 탐욕이나 두려움에 압도돼 여러분에게 실소를 머금게 하는 가격을 제시하기도 한다."
_ 벤저민 그레이엄

"(내) 투자의 중심 원칙은 세간의 의견과 반대로 하는 것이다. 모두가 투자 대상의 진가眞價에 동의하고 나면 당연히 가격이 비싸져서 매력이 사라지기 때문이다." _ 존 메이너드 케인스

장기적으로 주식시장은 기업의 실질가치에 수렴한다. 하지만 단기적으로는 사람들이 기업에 대해 지불하고 싶어 하는 가격에 따라 움직인다. 이는 기업의 실질가치와는 사뭇 다를 수 있다.

좀 더 알기 쉬운 예를 들자면 케인스는 주식시장에 대해 다음과 같이 말했다. "주식을 고르는 것은 미인대회와 같아서 여러분이 가장 예쁘다고 생각하는 사람이 아니라 심사위원들이 가장 예쁘다고 생각하는 사람을 고르는 것이 무엇보다 중요하다." 벤저민 그레이엄의 말을 빌리자면 '주식시장은 적어도 단기적으로는 가치를 재는 저울weighing machine이라기보다 투표 계산기voting machine'라는 것이다.

이것을 잊지 말자. 자산운용업에 몸담는 시간이 길어질수록 나는 더욱더 지각知覺을 현실만큼 중요한 것으로 인식하게 되었다. 주식시장의 관점에서는 모든 사람들이 어떤 문제에 대해 서로 완전히 동의할 때가 가장 틀리기 쉬운 때이다. 지각이란 대단히 중요하다. 그것이 극단으로 치달을 때는 어떤 주식의 내재적

> ❝ 자산운용업에 몸담는 시간이 길어질수록 나는 더욱더 지각知覺을 현실만큼 중요한 것으로 인식하게 되었다. ❞

장점을 장기간 압도해버릴 수 있기 때문이다.

나는 투자자나 주식 중개업자들이 어떤 섹터와 기업들을 과소 보유하거나 덜 사랑하는지, 어떤 섹터와 기업들을 과잉 보유하게 되는지 장기간 분석해왔다. 일반적으로 주식 보유의 위험은 전자의 주식(즉 남들이 과소 보유하는 주식—옮긴이)을 보유할 경우 낮아지며 후자, 즉 과잉 보유 주식을 보유할 때 높아진다.

내가 관찰하는 다른 모든 요인들에 대해서도 마찬가지지만, 내가 이 데이터만을 가지고 주식을 사는 일은 물론 없을 것이다. 하지만 이것은 내 매수-매도 결정에 가장 중요한 역할을 하는 정보 가운데 하나다.

주식시장의 또 다른 특징은 우리 스스로를 개별 주식의 주가 움직임으로부터 분리시켜 놓기가 매우 어렵다는 것이다. 모두가 부분적으로는 주가 동향에 민감하다.

좀 더 설명해보자. 지난 몇 년간 나는 휴일만 되면 규칙적으로 이탈리아 토스카나 지방의 포르테 데이 마르미(해안가의 휴양 도시—옮긴이)를 찾곤 했다. 해변으로 나가면 옷이며 음식, 보석류나 가방, 시계 등을 파는 사람들이 다가온다. 이 가운데 어떤 물건에 관심이 생기면 흥정을 한다. 나는 보통 행상이 말한 가격의 4분의 1을 제시하곤 한다. 하지만 내가 먼저 스스로 적정하다고 생각한 가격을 토대로 얼마를 내겠다고 말해버리면 재미있는 현상이 나타난다. 만일 내가 어떤 가방을 50달러에 사겠다고 했을 때 행상이 이 가격을 단번에 받아들이면, 나는 속을 끓이게 될 것이다. 내가 너무 높은 가격을 부른 게 아닌가 하는 생각이 들기 때문이다.

주식시장 역시 비슷한 속성을 가지고 있다. 예를 들어 주가가 100펜스인 주식이 있는데, 여러분은 이 주식의 적정 매수가격을 70펜스로 보고 있다고 하자. 이후 주가가 70펜스로 떨어져도 여러분은 내가 계산을 잘못한 게 아닌가 하고 의구심만 품을 것이다. 또한 매도자가 내가 모르는 뭔가를 알고 있는 게 아닌가 하고 무의식적으로 생각하기 시작할 것이다.

가격은 이처럼 그 자체가 행동에 영향을 미친다. 떨어지는 주가는 불확실성과 우려를 낳고, 오르는 주가는 자신감과 확신을 가져다준다. 이를 이해하는 것이 투자에 있어 정말 중요한 부분이다.

모든 주식 중개업자들은 주가가 하락하고 있는 비인기 주식보다 주가가 상승 추세인 인기 있는 주식을 파는 게 일반적으로 더 쉽다는 것을 잘 알고 있다. 이 같은 인간 본성을 알고 있다면 훌륭한 투자자는 이런 경향에 스스로 저항해야 한다. 워런 버핏은 이렇게 말했다. "주식시장이란 기본적으로 그저 가격을 정할 뿐이며, 따라서 시장은 우리에게 지시하는 존재가 아니라 우리의 주문을 받는 존재라는 점이 핵심이다."

> **주가가 정보를 지니고 있다는 것은 확실하지만 지나치게 그것에 영향을 받아서는 안 된다.**

주가가 정보를 지니고 있다는 것은 확실하지만(그렇지 않다면 모든 기술적 분석이 무용지물이 된다), 지나치게 그것에 영향을 받아서는 안 된다.

행동과학에서는 일반적인 투자자 행동에 대해 다음과 같은 유용한 관찰 기록을 남겼다.

- 우리는 열린 마음을 유지해야 한다. 일단 주식을 매수한 사람은 자신의 매수 결정이 틀릴 수도 있다는 생각

에 대해 개방적이 되기 어렵다. 최초의 투자 근거를 부정하거나, 이에 부합하지 않는 모든 사실에 대해 마음을 닫기 쉽다.
- 우리는 다른 사람들과는 독립적으로 사고해야 한다. 대중이 여러분의 의견과 일치하지 않는다고 해서 여러분이 옳은 것도, 틀린 것도 아니다.
- 전문가라고 알려진 많은 사람들이 사실은 전문가가 아니다. 많은 전문가들은 자신의 입장을 바꾸지 않는다. 그들은 자신이 올바른 편에 선 것이라고 생각하면서 기업 세계에 대해 영구적 낙관론이나 영구적 회의론을 유지한다. 수많은 증시 뉴스레터가 이 같은 입장을 취하고 있는데도 많은 독자를 확보하고 있다는 것은 놀라운 일이다.
- 우리 모두는 스스로가 실제보다 투자에 더 능하다고 생각한다. 우리는 모두 자신감 과잉이며, 특히 제 잘난 줄 알고 우쭐해져서는 안 된다.
- 우리는 보통 바로 직전에 일어난 일과 최근의 가격에 가장 많은 영향을 받는다. 첫 번째로 들은 그럴싸한

대답이 우리에게 영향을 미치는 경우가 적지 않다.
- 우리는 수익을 실현할 때는 너무 보수적이고, 손실이 늘어갈 때는 너무 느긋하다.
- 일단 주식을 보유하게 되면 같은 가격에 그 주식을 또 살 것인지 스스로에게 물어봐야 한다.
- 투자자는 어떤 사건이 최근에 일어나지 않았을 경우 그 발생 가능성을 과소평가하고, 최근 일어난 사건과 유사한 일의 발생 가능성은 과대평가한다. 이와 관련된 고전적 사례를 허리케인이 보험업계에 끼치는 효과에서 찾아볼 수 있다. 투자자들은 혹독한 계절이 지나고 나면 다음 계절도 역시 혹독할 것이라고 생각하곤 한다. 투자자가 최근 경험에 특히 더 영향을 받는다는 사실은 대단히 중요한 대목이다.

성공적인 투자란 독자적으로 생각하는 일과 시장에 귀 기울이는 일이 합쳐질 때 일어난다. 한쪽으로만 기울어 다른 쪽을 무시한다면 성공할 수 없다.

Chapter **05**

주식 포트폴리오를 구성하는 법

포트폴리오는 가장 최근 시점에
새롭게 구성된 주식 목록을
반영하고 있어야 한다.

"이 나라의 거부富는 50개 종목으로 된 포트폴리오에서 나오지 않는다. 멋진 기업 하나를 알아본 눈썰미로 이뤄진다. 여러분은 투자를 할 때마다 적어도 순자산의 10%를 그 하나의 주식에 투자할 수 있는 용기와 확신을 가져야 한다." _ 워런 버핏

"여러분이 보유한 주식보다 50% 싸게 살 수 있는 새로운 주식이 등장했을 때만 보유 주식을 팔아라." _ 존 템플턴

"단기 투자에 초점을 맞추게 된 투자자는 수익이 아니라 포트폴리오의 다양성에만 신경을 쓴다. 한 마디로 무작위의 함정에 농락당하는 것이다."
_ 나심 니콜라스 탈레브

어떤 종목을 고르느냐가 포트폴리오 구축의 핵심이긴 하지만, 주식을 어떤 방식으로 조합하느냐도 대단히 중요하다. 워런 버핏이라면 대부분의 포트폴리오가 지나치게 분산투자되어 있을 뿐 훌륭한 투자 아이디어는 찾아보기 어렵다고 주장하겠지만, 대부분의 전문 투자운용자들은 적어도 40~50종목의 주식을 보유하고 있다.

내 경우에도 시간이 흐를수록 굴리는 돈이 현저히 불어났기 때문에 결과적으로 선택의 여지가 없이 이보다 다변화된 포트폴리오를 운용하게 되었다. 나는 오랫동안 중소형주에 상당한 규모의 투자를 유지했다. 나를 지켜본 많은 사람들은 내가 많은 종목을 보유하는 선택을 해왔다고 오해하곤 한다. 하지만 그렇지 않다. 내가 생각하는 이상적 포트폴리오는 50여 종 정도의 종목으로 이뤄진 것이다.

나는 지수의 구성과 크게 관련된 포트폴리오는 운용해본 적이 없다. 나는 일반적으로 밸류에이션이 정상 수준에서 이탈$^{valuation\ anomaly}$해 있다는 확신이 들지 않으면 주식을 보유하지 않으려고 한다. 낙관적 전망에 대한 확

> **❝ 나는 지수의 구성과 크게 관련된 포트폴리오는 운용해본 적이 없다. ❞**

신이 없는데도 단지 지수에서 큰 부분을 차지한다는 이유로 주식을 보유하지는 않는다.

나는 투자 성과와 관련해 원인을 분석하는 일에도 많은 시간을 쏟지 않는다(성과 분석에 많은 시간을 쏟지 마라). 지나치게 성과 분석에 매달리는 포트폴리오 운용자는 백미러를 쳐다보며 과거의 잘못을 기존에 해왔던 방식대로 고치는 데만 시간을 쏟을 뿐, 미래에 걸맞은 방식을 간파해내지는 못한다고 나는 굳게 믿고 있다. 대부분의 투자자들은 과거에 했던 방식대로 현재에도 하고 싶어 한다. 지금까지 좋지 못한 일주일, 한 달, 1분기를 보냈다면 과거의 원인을 연구함으로써 다음 기간에 좋은 성과를 내는 데 보탬이 될 것이라고 포트폴리오 매니저는 생각한다.

> **성과 분석에 많은 시간을 쏟지 마라.**

애석하게도 투자는 그런 방식으로 되지 않는다. 과거에는 나빴지만 지금 더 열심히 노력하면 분명 더 잘해낼 것이라고 말할 수 없다. 노력과 성과 사이에는 단기적인 연관관계조차 없다. 물론 우리는 과거의 실수에서 배워야 하지만, 그렇다고 해서 미래에 보장되는 것은 전혀 없다.

Chapter 05 주식 포트폴리오를 구성하는 법

나는 스스로에게 다음과 같은 세 가지의 질문을 한다.

- 내 포트폴리오는 최대한 내가 확신할 수 있을 만한 수준인가?
- 부담해야 할 위험이 어떤 것인지 알고 있는가?
- 내 실수에서 배울 것은 없는가(거의 언제나 배울 것이 있다)?

포트폴리오는 최대한 가장 최근 시점에 새롭게 구성된 주식 목록을 반영하고 있어야 한다. 다시 말해 여러분이 새로운 포트폴리오를 구성한다면 어떤 종목을 얼마만큼의 비중으로 편입할 것인가에 대해 늘 생각해야 한다.

나는 내 포트폴리오에 대한 확신이 어느 정도인지를 가늠할 수 있게끔 도와주는 훈련을 지속적으로 하고 있다. 종이 한 장을 놓고 맨 위에다 다섯 개의 항목을 적는다. 제목은 '강력 매수', '매수', '보유', '비중 축소' 그리고 '?'이다. 그리고 내 펀드에 들어 있는 모든 주식들을 이 다섯 가지 중 해당되는 부분에 나열한다. 이렇게 하면 내 확신의 정도에 대해 형태를 부여할 수 있을 뿐만 아니라 조치를 취해야 할 필요가 있는 주식이 도드라져 보이게 된다. 그 조치란 득실을 세세히 검토해보거나, 애널리스트들에게 더 많은 정보를 얻거나, 한동안 만나지 않았던 기업 경영진에 대해 또 한 번의 미팅을 요청하는 일 등이다. 성공적인 투자를 위해서는 이처럼 여러분의 확신 정도를 계량화하는 것이 대단히 중요하다.

워런 버핏은 이렇게 말했다. "찰리 멍거와 나는 기복 없이 매끄럽게 연간 12%의 수익률을 올리는 쪽보다는 들쭉날쭉하더라도 연 수익률 15% 쪽을 택하겠다. 결국 우리의 수익률은 일별, 주별로는 크게 변동한다. 지구가 태양을 도는 궤도에서와 같은 정도의 매끄러움이 왜 필요하단 말인가." 이 말은 투자에 대한 나의 접근법을 요약하고 있다. 나는 비록 연도별로 떼어놓고 보면 요란한 변동이 있더라도, 장기적으로 보면 언제나 최고 수준의 평균 수익률을 올리는 포트폴리오 운용을 목표로 하고 있다.

이것이 일부 현대적 위험관리기법을 따라가기에는 열등한 방법이라는 점도 안다. 사실 포트폴리오 위험관리를 잘

Chapter 05 주식 포트폴리오를 구성하는 법

하려면 포트폴리오를 구성하고 있는 섹터나 개별 주식에 대해 아는 것 못지않게 포트폴리오상의 의도하지 않았던 변화도 알 수 있어야 한다(예를 들어 환율 변동 위험에 노출된 기업의 보유 비중이 높아졌다든지). 하지만 포트폴리오 위험의 대부분은 개별 주식 단위에서 발생한다는 게 내 생각이며, 따라서 내 위험관리 역시 대부분 여기에 집중되고 있다.

투자는 실수와의 싸움이 전부라 해도 과언이 아니다. 맞힐 확률이 55~60%만 돼도 괜찮은 편이다. 돈을 번 몇몇 사람들보다 높은 수익률을 올리고 돈을 잃지만 않으면 된다.

> **투자는 실수와의 싸움이 전부라 해도 과언이 아니다.**

돈을 벌려면 너무 자주 잃지 않도록 해야 한다. 평균적으로 여러분의 다섯 번의 투자 결정 가운데 두 번은 틀릴 것이라는 점을 기억하라. 아마도 한 번은 여러분이 주식을 산 뒤 일어난 변화 때문일 것이고, 또 한 번은 투자의 근거가 처음부터 틀렸기 때문일 것이다.

개별 주식에 대한 투자 금액의 규모는 주식에 대한 내 확신의 정도, 위험 및 시장 상황, 나와 피델리티가 보유하고 있는 지분의 비율 등에 따른다. 우리는 어떤 기업의 주식이건 최대 보유 지분율이 15%를 넘지 않게 한다는 절대 한도를 설정해두고 있다. 그런 다음 확신의 정도가 변할 때마다 투자 금액의 크기를 조정해나가려 한다. 기업과 미팅을 가진 뒤거나 특정한 기업의 뉴스가 흘러나올 때는 보유 비중을 높이고, 주가가 상승했거나 재무상태표상의 수치가 악화됐을 때는 보유 비중을 줄이는 식이다.

규모가 큰 포트폴리오를 운용하고 있기 때문에 나는 한 기업당 포트폴리오의 0.25% 정도부터 편입하기 시작한다는 원칙을 갖고 있다. 위에 언급한 여러 가지 제약들이 충족되는 가운데 내 확신이 커지면 나는 편입 비중을 0.5%로 올릴 것이며(내가 좀 더 소규모의 포트폴리오를 담당하고 있다면 0.5%가 최초 편입 비율이 될 것이다), 잇달아 1%, 2% 마침내 4%까지 끌어올릴 것이다. 대형주의 경우 4% 이상에서 편입할 수도 있지만, 대부분의 경우 2% 이상에서 편입되려면 적어도 FTSE 100지수(런던증권거래소 거래 종목 가운데 시가 총액 상위 100개 종목으로 산정하는 종합주가지수—옮긴이)에 포함된 기업이어야 한다.

Chapter 05 주식 포트폴리오를 구성하는 법

나는 보유한 여러 기업 지분에 대해 판세를 뒤집을 만한 무언가가 일어나기 전까지는 특정한 방향으로만 움직인다. 중요한 것은 일반적인 경우 특정 주식의 보유 비중을 한꺼번에 크게 바꾸지 않는다는 것이다. 나는 보다 점진적으로 움직인다. 내 확신이 커지는 단계에서부터는 주식 보유 비중을 단계적으로 늘려가며, 주가가 적정가격에 이르렀다고 생각되면 지분을 줄여나가기 시작한다. 투자는 흑백논리로 설명될 수 없다.

사람들은 종종 내게 매도와 관련된 원칙에 대해 물어온다. 나의 첫 번째 원칙은 보유 지분에 대해 어떤 사소한 감정도 덧붙이지 않는 것이다. 내가 주식을 파는 데는 세 가지 이유가 있다. 투자 근거를 무력화시키는 무언가가 발생했을 때, 주가가 내가 생각하는 적정가치에 이르렀을 때 그리고 더 나은 주식을 발견했을 때다.

내가 좋아할 만한 유사 기업을 찾아내어 두 주식을 직접 비교해보면 특정 주식에 대한 내 확신의 정도를 가늠해볼 수 있다. 보통 두 기업을 일대일로 비교하다 보면 모든 관련 요소를 고려한 뒤 내가 어느 쪽을 더 선호하는지가 분명해

진다.

특히 주가 상승기에 펀드매니저들은 많은 주식을 사들이려는 경향을 보일 수 있다. 좋아하는 것들이 너무 많이 발견되기 때문이다. 주식을 일대일로 직접 비교하는 방법은 편입 대상 주식 목록을 방만하지 않게 유지하기에 좋다.

> **주가 하락기나 보합 국면에는 개별 주식에 대한 투자 근거를 되돌아보라.**

주가 하락기나 보합 국면은 개별 주식에 대한 투자 근거를 되돌아보고 확신이 떨어지는 종목을 잘라내 버리기에 특히 좋은 시기다. 나는 주가 하락기에는 보통 보유 종목 수를 줄인다.

나는 항상 투자 후보군이라고 생각하는 기업의 이름을 올려둔 '주시 대상 명단watch list'을 보유해왔다. 아직 행동할 만큼 충분한 확신이 서지 않은 기업들이다. 일단 나는 내 방 책꽂이에 알파벳순으로 정리돼 있는 파일에 이런 범주에 속해 있는 기업에 대한 리포트(대내외적인 것을 막론하고)와 기업 미팅에서 나온 서류꾸러미 등을 모아둔다. 보통 분기별로 한 번씩 이를 재검토한 뒤 주시 대상 명단에 계속 올려둘 것인지 아닌지를 결정한다.

몇몇 동료들은 내가 매수 대상 후보 기업들의 리포트와 리서치 더미를 뒤져가며 세심하게 걸러내는 과정을 지켜보면서 왜 비서에게 이 일을 맡기지 않느냐고 의아해한다. 그들은 이런 주식들을 재검토하는 과정에서 내가 확신 수준을 결정하는 데 도움을 받고 있다는 점은 깨닫지 못한다.

재검토 작업에 들어가면 나는 주식을 세 가지 범주로 나눈다. 투자를 하기 전에 좀 더 심도 깊게 지켜보고 싶은 기업, 1분기 더 주시 대상 명단에 올려둘 기업 그리고 명단에서 제외할 기업(물론 이런 주식이라도 그 분기 중에 언제든 다시 재검토될 수도 있다)이다.

내가 보유 중인 기업에 대해서도 내부 애널리스트의 최신 보고서와 양질의 외부 보고서를 구비한 나만의 파일을 갖추고 있다. 기업 미팅 시 내가 손으로 쓴 메모를 찍은 사진도 있다. 나는 기업 미팅을 갖기 전에 항상 이 파일을 참조한다.

포트폴리오 운용자는 '공격적' 투자와 '방어적' 투자 사이에서 균형을 잘 지켜야 한다. '공격적'이란 것은

> **포트폴리오 운용자는 '공격적' 투자와 '방어적' 투자 사이에서 균형을 잘 지켜야 한다.**

새로운 잠재 투자처를 모색하는 것이고, '방어적'이란 우리의 현재 지분을 제대로 유지하는 것이다.

포트폴리오 편입 종목 수가 적다면 이는 어려운 문제가 아니다. 하지만 많은 종목으로 구성된 거대한 포트폴리오(나는 편입 종목이 200개에 육박하는 포트폴리오를 운용해오고 있다)를 운용할 때는 '공격적' 투자를 제외하고 '방어적' 투자에만 너무 많은 시간을 쏟는 경향이 나타난다. 이런 함정에 빠지지 않기 위해 나는 방어적 투자에 대해서는 회사 내부의 애널리스트팀에게 도움을 받기도 한다. 이렇게 하면 나는 대부분의 시간을 아이디어 탐색에 쏟을 수 있다. 이는 사내에 대규모 리서치팀을 거느리고 있어서 가능한 이점 가운데 하나다.

Chapter 06

재무에 대한 평가

기업이 잘 돌아가는지 의구심이 생기거든
현금을 따라가 보라.

"현금은 사실fact이고 이익은 의견opinnion이다." _ 알프레드 래퍼포트

Chapter 06 재무에 대한 평가

우리는 주시하고 있는 기업에 대한 재무 모델financial model 을 구축하고 있다. 이것은 피델리티의 자랑이다. 우리 애널리스트 전원은 자신이 리서치하고 있는 기업의 손익계산서, 현금흐름표, 재무상태표 등에 대해 2~3년 앞까지의 예측치를 보유하고 있다.

애널리스트들은 자신이 담당하는 기업의 재무 모델 구축에 상당한 시간과 노력을 쏟아붓는다. 포트폴리오 매니저와 애널리스트가 주식에 대해 토론할 때는 이런 모델에 대한 얘기가 일부분을 차지한다(모델을 언급하지 않고 개별 주식에 대한 세부적 토론으로 들어가는 경우는 거의 없다). 또 포트폴리오 매니저는 자신의 가정과 모델의 세부 내용을 놓고 애널리스트와 서로 교차 질문을 하기도 한다.

우리 모델이 내놓는 가장 중요한 정보 가운데 하나는 이익에 대한 예측치다. 우리는 특정 기업에 대한 이 예측치를 우리가 '빠꿈이'라고 칭하는 중개업체의 애널리스트 가운데 그 기업에 밝은 최고수들의 것과 비교한다. 우리 예측치와 '빠꿈이' 예측치의 차이는 우리의 투자 과정에 중요한 정보가 된다. 몇몇 동료들에게는 이것이야말로 가장 중요한 정보가 된다. 그들은 우리의 예측치가 '빠꿈이'의 것보다 낮을 경우 대부분 주식 매수에 나서지 않는다. 이것은 내게도 중요한 정보지만 나는 이 정보를 많은 다른 정보와 함께 고려하여 활용한다.

나는 우리의 예측치가 '빠꿈이'의 것보다 낮을 때도 종종 주식 매수에 나선다. 특히 밸류에이션이 충분히 매력적이고 지분을 확보하는 데 시간이 필요하다는 것을 알게 될 경우에 그렇다.

오늘날에는 스프레드시트가 나타나 이런 모델을 구축하는 일이 과거보다 한층 쉬워졌다. 하지만 스프레드시트의 핵심은 그 배후에 깔린 가정이다. 진정한 사고가 이뤄지는 곳은 바로 이 가정과 관련된 지점이다.

> **스프레드시트의 핵심은 그 배후에 깔린 가정이다.**

내가 업계에 입문했을 때 나는 회계에 대한 지식이 거의 없었으며, 기업의 회계 계정도 제대로 볼 줄 몰랐다. 공식 교육을 받진 않았지만 몇 년간 나는 독학으로 회계 계정 보는 법을 익혔고, 재무 분석에도 상당히 능숙해졌다. 계정을 볼 줄 아는 능력은 내 직업의 필수 요건이다.

Chapter 06 재무에 대한 평가

나는 다른 곳에서도 현금흐름의 매력에 대해 얘기한 바 있는데, 이것이야말로 검토 중인 기업에서 내가 찾아내고 싶은 특성 중 하나이다. 기업이 어떻게 돌아가고 있는지 의구심이 생기면 현금을 따라가 보라. 나는 재무상태표 역시 대단히 중요하게 생각한다. 경험에서 배운 또 다른 한 가지가 있다면 계정에 딸린 주석 사항을 주의 깊게 읽어야 한다는 것이다. 이 주석에는 기업에 대한 결정적인 정보가 감춰져 있을 수 있다(때때로 기업은 사람들이 간과하기 바라는 것들을 주석에 담곤 한다).

나는 경영진이 내놓은 재무제표를 항상 원본으로 읽어두며 증시 상장이나 주식 발행 등을 위한 문서에 첨부된 내용에는 특별히 중요성을 부여한다. 기업이 이런 서류에 적어놓은 설명은 기업의 의례적 재무제표와는 달리 하나하나 개별적으로 검증되어야 한다. 그래야 기업으로서는 정보 조작을 하거나, 뒷받침할 증거가 없는데도 함부로 말할 여지가 줄어든다. 따라서 이런 서류들은 매우 유용하다. 지나치게 시효가 지난 것이 아니라면 특히 그렇다. 그래서 나는 새로운 기업을 살펴보기 시작할 때는 이런 서류들을 좋은 출발점으로 삼는다.

증시 상장을 위한 기업공개^{IPO}는 투자 기회로서는 매력도가 떨어진다. 매도자가 시점과 가격을 결정하기 때문이다. 사모펀드$^{private\ equity}$가 매도 주체로 나서 지분 전체 또는 다수 지분을 매도하는 주식공개의 경우라면 특히 그렇다. 물론 매도자가 매수자 몫의 마진을 남겨두긴 하겠지만 말이다.

기관투자자들만이 개별적 미팅을 통해 투자 설명회를 들을 수 있던 시절이 있었다. 오늘날에는 기업 설명회뿐만 아니라 기타 모든 발표 및 회계 자료 등이 웹사이트에 공개돼 일반인의 접근도 가능해졌다. 나는 이런 정보를 주식 중개업자의 메모 등과 같은 2차적 요약본에 의존하지 말고 원본 그대로 접하라고 강력하게 권유한다. 인터넷 덕분에 투자자가 이용 가능한 정보가 실질적으로 크게 늘었으니, 이를 충분히 이용하기 바란다.

Chapter **07**

투자 위험을 줄이는 방법

빚이 많은 기업은 사업 여건이 나빠질 때 특히 위험에 노출되기 쉽다.

"재무제표를 제대로 이해하지 못한 상태에서 기업에 투자하는 일은 절대 해서는 안 된다. 주식투자를 하다가 최대 손실을 입는 경우는 재무상태표가 나쁜 기업에 투자했을 때다."_ 피터 린치

"20세기 말과 같은 광기의 시기에도 월스트리트의 많은 위인들은 분별력을 유지했다. 그런데 이들은 또한 대단히 조용히 있었다. 전체 공동체에 대한 금융 공동체의 책임감은 그저 작다고만 하기에는 부족하다. 거의 없다고 해야 한다. 이는 생래적인 것인 듯싶다. 돈을 버는 것이 주요 관심사인 공동체의 필수 규범 가운데 하나는, 나는 나대로 살고 너는 너대로 산다는 것이다. 광기에 대항해 목소리를 내는 것은 이미 광기 앞에 자신을 내맡긴 이를 파멸시키는 것일 수도 있다. 월스트리트의 현자들은 거의 언제나 침묵을 지킨다. 따라서 보이는 곳에는 바보들만 설치게 된다."_ 존 F. 갤브레이스

오랜 기간 동안 내가 저질러온 큰 실수를 분석해보니 그것은 거의 항상 나쁜 재무상태표를 가진 기업과 관련된 것이었다. 주식투자자들이 가장 큰 손해를 보게 되는 때는 부실한 재무상태표를 보유하고 있는 기업에 뭔가 잘못된 일이 일어났을 때다.

프로 투자자의 임무에는 잘나갈 주식을 찾아내는 일뿐만 아니라 재난을 피하도록 하는 일도 있다. 대부분의 펀드매니저는 잘나갈 주식을 고르는 데는 능란하다. 하지만 훌륭한 포트폴리오 매니저와 그저 그런 부류를 구분짓는 기준은 누가 망해버린 주식을 더 적게 보유하고 있느냐에 있다.

> ❝ 프로 투자자의 임무에는 잘나갈 주식을 찾아내는 일뿐만 아니라 재난을 피하도록 하는 일도 있다. ❞

많은 펀드매니저가 부실한 재무상태표의 위험성에 대해 심각하게 고려하지 않는다. 나 역시 바로 최근까지 최악의 실적을 내는 네 개의 주식을 보유하고 있었다. 아이소프트isoft, SMG, 에리나시우스Erinaceous, 존슨서비스 그룹Johnson Services Group이었다. 이들이 보유 중인 부채 및 채무는 특히 업황이 악화되기 시작할 때 주식을 위험에 노출시킬 수 있었다. 그런데 이 기업들은 마침 업황 악화에 시달리고 있었다. 그러나 포트폴리오에서 차지하는 이들의 지분 비중은 그리 크지 않았다.

부채 비중이 높은 기업에 투자한다는 것은 빌린 돈으로 부채가 없는 기업을 매수하는 것과 다르지 않다. 사정이 나빠지기 시작하면 은행은 사업부를 처분하라고 기업에 압력을 넣을 것이다. 하지만 시장에서는 그것이 궁지에 몰린 매물이란 점을 알아채고 있을 것이기 때문에, 매수 제의는 기업과 투자자들이 받아 마땅하다고 생각하는 가격의 한참 아래에서 나오기 십상이다. 이는 부채가 많은 기업에 대해 사업부별 가치합산법sum of the parts valuation(기업의 가치를 구할 때 사업부별 가치를 구한 뒤 이를 모두 합산하는 방법—옮긴이)을 썼을 때의 원초적인 위험 가운데 하나다.

오랜 기간 동안 나는 '컴퍼니 워치Company Watch'라는 서비스 기관의 도움을 받아 부실한 재무상태표를 가진 기업을 파악해왔다. 이런 기업에 자금 조달이 제대로 되지 않을 것은 명백한 듯 보이지만, 그렇지 않을 때도 있다. 컴퍼니 워치는 주시하고 있는 비금융기업을 대상으로 Z점수(해당 점수에서 평균 점수를 뺀 것을 표준편차로 나눈 값—옮긴이)의 21세기 버전이라 할 수 있는 'H점수'를 산출했다. 기업에 발생할 문제를 예측하기 위해 과거 재무적 어려움을 겪었던 기업(실패 그룹)의 재무제표 샘플을 어려움이 없었던 기업의 것과 비교했다. 컴퍼니 워치는 이를 통해 기업이 실패 그룹의 특성을 얼마만큼 보여주는지를 점검해볼 수 있게 하는 수리적 모델을 구축했다. 이 모델은 어떤 기업에든 적용할 수 있다.

기업은 재무 건전성에 따라 0부터 100까지 등급이 부여됐다. 100이 가장 건강한 등급이다. 하위 25%에 해당하는 등급에 속한 기업은 스스로를 위험에 빠뜨릴 실패한 기업의 특징을 충분하게 가지고 있었다. 25점 이상의 등급을 얻은 기업에서는 재무 문제로 고민하는 일이 흔하지 않았다. 이 모델은 상호 관련된 핵심 측정치 일곱 개 항목으로 이뤄져 있다. 이 측정치는 수학적으로 계산되고 가중치가 부여되는 비율이다. 이는 하나로 합쳐져 하나의 측정치, 즉 H점수가 된다. 일곱 개 항목의 점수가 측정되면 지난 5년 동안 기업의 재무적 강점 및 약점을 밝히고 평가할 수 있게 된다. 이를 바탕으로 H점수가 산출된다. 점수는 기업이 재무적 결과치를 내놓을 때마다 다시 산출된다.

H점수는 내가 기업을 살펴볼 때 반드시 검토하는 정보 가운데 하나다. 내 포트폴리오에 포함된 기업 가운데 가장 약한 등급에 들어 있는 기업이 있으면 나는 여기에 특별한 주의를 기울인다. 이는 기술적 분석과도 비슷한 것이다. 나는 부실한 차트와 낮은 H점수를 가진 기업을 절대 보유하지 않겠다는 것이 아니다. 만약 보유하게 된다면 해당 기업의 상황에 대해 특별한 관심을 기울이며 눈을 크게 뜨고 지켜보겠다는 것이다. 만약 상황이 악화될 조짐이 보이기 시작하면 손실을 보더라도 해당 주식을 조기에 처분해야 한다.

부채가 많은 기업은 사업 환경이 악화될 때 특히 위험에 노출되기 쉽다. 나는 보통 이런 유형의 기업에 대한 보유 비중을 재무상태표가 튼튼한 기업의 경우보다 낮게 유지한다. 최하위 10%에 포함된 기업은 가장 위험하다. 다만, 역사적으로 좋은 점수를 기록해왔지만 갑자기 하위 25%에 포함된 기업에 대해서는 특별히 주목한다. 다른 부문은 나무랄 데 없이 건실한데 H점수가 지속적으로 떨어지고 있는 기업 역시 주시의 대상이다. H점수가 들쭉날쭉 널을 뛰어온 기업도 마찬가지다.

중개업체 소속 애널리스트들이 재무상태표 분석에 거의 주의를 기울이지 않는다는 점이 나는 항상 놀라웠다. 개인적으로 재무상태표가 부실하다는 사실을 잘 알고 있는 기업인데, 이런 내용이 한 줄도 언급되지 않는 보고서를 읽을 때도 있다.

부채 항목을 볼 때는 미래 지급 의무, 연금 준비금, 상환우선주 등과 같은 기타 부채에 유의해야 할 뿐만 아니라, 은행차입과 채권발행 둘 다를 살펴봐야 한다(물론 회사를 곤경에 빠트리는 것은 보통 은행차입이지만 말이다). 부채의 개요(특히 1년 내 만기가 돌아오는 금액)와 대출계약 조건도 잘 알아둬야 한다. 계절별로, 때로는 월별, 분기별로 부채 수준이 크게 변동하는 기업도 있다. 이런 경우 6개월 말 또는 연말의 절대 부채 규모만 보면 기업이 실제보다 건실한 입지를 가지고 있다는 잘못된 인상을 받을 수도 있다.

부채 금액만이 아니라 실제로 지불되는 순이자 금액 역시 살펴봐야 한다. 평균 부채 수준이 높은지 여부에 대한 지표가 될 수 있기 때문이다(이런 기업과 미팅을 가지게 되면 우리는 계절별 유형뿐만 아니라 연간 평균 부채 수준에 대해서도 질문한다. 이런 것은 일반적으로 기업이 발표하지 않는 사항이다).

마지막으로 언급할 것은, 대부분의 기업들은 성장해가면서 현금을 소비하고, 축소되었을 때는 현금을 소비하지 않게 되지만, 예외도 있다는 사실이다. 예를 들어 고객으로부터 선수금을 먼저 받는 계약자의 경우에는 사업이 축소될 때 실제로 현금을 소비한다. 이런 특성을 잘 알아야 한다.

컴퍼니 워치는 2주마다 한 번씩 내게 '위험한 기업(최하 25%)', '위험 구간으로 진입하는 기업', '더는 위험하지 않은 기업'의 목록을 보내준다. 내가 아주 중요하게 여기는 필수 정기 구독물이다.

좀 더 상세히 살펴보려면, 부채비율이 높은 기업은 (만약 부채가 거래되고 있다면) 부채가 어디에서 거래되고 있는지도 살펴봐야 한다. 나는 때때로 투자자가 매우 크게 할인된 가격에 부채가 거래되는 기업에 환호하는 경우를 보곤 한다. 나라면 부채가 이렇게 거래되는 기업에는 등을 돌릴 것이다(부채가 액면가의 가치도 인정받지 못한다면, 주식도 거의 가치가 없는 것과 같다). 같은 맥락에서 채무불이행에 대한 신용 위험이 있는 기업도 주의 깊게 살펴봐야 한다.

내가 가장 흔히 저지르는 실수는 부실한 재무상태표를 가진 기업을 매수하는 것이지만, 내가 이외에 집중하는 다른 두 가지 측면도 있다.

- 독점적 사업력이 부실한 기업을 매수하는 경우
- 실력이 형편없는 경영진, 의심스러운 사업 관행을 따르는 경영진, 그리고 투자자들에게 개방적이지 않은 경영진이 있는 기업을 매수하는 경우

주식시장 강세가 이어지는 때라도 포트폴리오 매니저는 경계심을 낮춰 부실한 사업을 하거나 경영진의 수준이 낮은 기업까지 매수해서는 안 된다. 벤저민 그레이엄은 이렇게 말했다. "사업하기 좋은 상황이 펼쳐질 때라도 질 낮은 주식을 사는 것은 위험하다."

펀드를 운용하면서 최근 15개월간 나는 보유 주식 처분

은 물론, 선물거래를 통해 개별 주식을 공매도^{short}할 수도 있었다. 내가 매도하고자 한 주식은 보유^{long}하고자 하는 주식과는 정반대의 특성을 가진 것들이었다(예를 들어 부실한 재무상태표, 수상쩍은 경영진, 빈약한 사업력, 높은 밸류에이션, 높은 기관투자자 지분, 중개업자가 좋아하는 주식, 이미 높은 수익률을 기록해온 주식과 피인수합병 가능성이 낮은 기업 등. 물론 이런 특성을 모두 갖춘 기업은 없겠지만, 나는 이 가운데 다수를 갖춘 기업을 가려내고자 한다). 공매도 전문가처럼 생각해보는 것은 포트폴리오 매니저에게 좋은 훈련이 된다.

> **공매도 전문가처럼 생각해보는 것은 포트폴리오 매니저에게 좋은 훈련이 된다.**

나는 기업 약점의 실마리가 될 요인을 찾아내고자 한다. 기업 내부에서 잘못될 수 있는 부분을 알고, 투자의 반대 근거를 알게 된다면 다른 사람보다 일찍 잘못 되어가고 있다는 사실을 감지할 수 있게 될 것이다.

주가가 하락할 것인지를 확인하기에 유용한 테스트가 있다. 여러분이 종착점에서 되돌아보고 있고, 주가가 현재 수준의 절반이라고 가정해보는 것이다. 주가가 정말 이 가격까지 되돌아가리라는 믿을 만한 시나리오를 만들어낼 수 있는가? 그렇다면 주의해야 한다. 정말 그런 일이 일어날 것이기 때문이다!

마지막으로 나쁜 뉴스는 잘 퍼지지 않는다는 점을 기억하라(이 장의 맨 앞에 인용한 갤브레이스의 말처럼). 시스템 안에는 나쁜 뉴스를 억누르는 수많은 요인들이 있다. 하지만 투자매니저의 임무는 이를 찾아내는 것이다. 어떤 이들은 기업에 이상이 생겼다는 것을 명백하게 알고 있겠지만, 그 사실을 떠들고 다니지 않을 것이다. 대부분의 경우 비공개를 전제로 해서 여러 소식통들에 부지런히 캐묻고 다녀야 겨우 이런 상황을 전해 들을 수 있다. 퍼즐 조각을 맞추려면 시간과 노력이 든다.

> **나쁜 뉴스는 잘 퍼지지 않는다는 점을 기억하라.**

예를 들어 닉 리슨이 몰고 온 베어링은행 파산 사건을 살펴보면, 거래의 상대방은 곤란한 일이 일어나고 있다는 것을 알고 있었다. 하지만 그들에겐 어느 모로 보나 이 정보를 혼자서 속으로만 묻어둘 이유가 있었다. 베어스턴스의 경우 역시 몇몇 사람들이 발표 이전에 이미 문제를 알고 있었다는 점은 의심할 여지가 없다.

물론 대부분의 기업은 부채를 이용하며, 부채가 일반적으로 나쁜 뉴스인 것은 아니다. 기업은 부채를 이용하여 주주들의 수익을 실질적으로 눈에 띄게 끌어올릴 수 있다. 그런가 하면 오늘날에도 비능률적인 재무상태표를 가진 곳들이 많으며, 이곳의 주주들은 부채를 더 많이 쓰라고 요구하고 있을지도 모른다.

시간을 거꾸로 돌려 다시 한 번 내 펀드를 운용해본다면, 그리하여 H점수가 바닥인 하위 25%의 주식들을 모두 회피했다면, 나는 몇몇 좋은 주식을 놓쳤을 것이다. 하지만 대부분의 재앙 역시 피해갈 수 있었을 거라고 믿는다.

Chapter **08**

밸류에이션을 보는 방법

투자자가 가진
몇 안 되는 나침반 가운데 하나는
역사적 밸류에이션이다.

> **증시에서 정상가치를 이탈한 밸류에이션을 나타내는 것으로 보이는 기업의 주식을 사들여 그 이탈이 해소될 때까지 기다려라.**

투자에 대한 나의 접근법은 증시에서 정상가치를 이탈^{anomaly}한 밸류에이션을 나타내는 것으로 보이는 기업의 주식을 사들여 그 이탈이 해소될 때까지 기다리는 것이 전부다. 나는 밸류에이션이 정확히 반영됐다고 보는 주식은 거의 사들이지 않는다.

이탈이 정확히 언제 해소될지 아는 것보다는 이탈이 있다는 사실을 간파해내는 편이 더 쉽다. 따라서 나는 충분한 시간을 갖고 기다린다. 나는 보통 1~2년을 내다보고 주식을 매수해왔다. 평균 보유 기간은 18개월로 상당히 일관성 있는 편이다. 하지만 나는 얼마든지 끈질기게 기다릴 수도 있으며, 내 근거가 옳다는 믿음만 있으면 몇 년을 기다릴 수도 있다.

우리 애널리스트들은 종종 내게 이렇게 말한다. "그래요, 앤서니, 이 주식은 싸네요. 하지만 단기적으론 촉매^{catalyst}(주가를 끌어올릴 특별한 사건이나 요인—옮긴이)가 안 보이는데요." 그러면 나는 그들에게 이렇게 말한다. "내 경험으로 볼 때 두드러진 이탈과 동시에 이를 바로잡을 촉매

Chapter 08 밸류에이션을 보는 방법

가 보인다면, 이는 대단히 이례적인 경우라네(그것이 그토록 명백하게 보인다면 애당초 이탈 자체가 없을 것이다)."

싼 주식(특히 건실한 재무상태표를 가진)을 매수함으로써 우리는 안전마진margin of safety을 확보할 수 있다. 정상가치를 이탈한 주식들로 포트폴리오를 구성하고 나면, 아직도 '맹아 단계'에 있는 몇몇 주식들의 곁에서 또 다른 주식들이 서서히 움직이며 가치 재평가 단계에 돌입한다.

> **주식을 싸게 매수함으로써 우리는 안전마진을 확보할 수 있다.**

나는 대규모 포트폴리오를 운용하는 입장이기 때문에 시장에 조기 진입하여 아직 매도자가 있을 때 충분한 지분을 확보할 필요가 있다. 가치가 회복되고 있다는 사실이 분명해지기 시작하면 그런 주식을 사기란 더 어려워지기 때문이다. 이와 같은 정상가치 이탈은 주로 중소기업주에서 더 많이 나타나는데, 그 점이 바로 그들 종목에 집중하는 이유 중의 하나이다. 하지만 최근 1~2년 사이 영국의 대기업이 상대적으로 저평가된 것으로 보이는 때도 있듯이 간혹 이런 경우도 발생하곤 한다.

역사적 밸류에이션은 투자의 거친 물살을 헤쳐나가는 데 필요한 몇 안 되는 나침반 가운데 하나다.

앞장에서도 말했지만 나는 특정 주식이나 업종의 장기적 밸류에이션의 역사를 알고 싶다. 가능하면 20년 이상의 정보에 적어도 한 번의 비즈니스 사이클이 온전히 완성되는 기간이 포함되기를 바란다. 이것은 특정한 유형의 기업이나 특정 업종 등에 있어서 어느 정도의 밸류에이션 범위가 정상 수준인지를 아는 것, 특히 밸류에이션이 비정상적으로 높거나 낮을 때 매우 귀중한 정보가 된다. 물론 특정 기간에 걸쳐 사업 내용이 중대하게 변했을 때는 그 유용성이 떨어진다. 현재의 밸류에이션이 역사적 밸류에이션보다 낮을 때 주식을 매수하면 돈을 벌 확률이 높아진다. 반대로 높을 때 매수하면 손해 볼 위험이 커진다. 이것이 투자에 대한 내 접근법의 핵심이다.

> **현재의 밸류에이션이 역사적 밸류에이션보다 낮을 때 주식을 매수하면 돈을 벌 확률이 높아진다.**

종종 내가 가장 좋아하는 밸류에이션 척도가 무엇이냐는 질문을 받는데, 내 대답은 한결같다. 단 하나의 척도가 있는 게 아니라 광범위하게 두루 살펴봐야 한다는 것이다.

단 하나의 척도에만 집중하는 것은 위험한 일이라고 생각한다. 나는 대부분의 척도를 상대적 기준과 절대적 기준 양쪽 모두 살펴보려고 한다. 우리의 일은 대부분 상대적 비교를 하는 것이지만, 절대적 밸류에이션도 잊어서는 안 된다. 특히 시장이 극단적인 상황일 때는 절대적 밸류에이션이 중요하다.

대부분의 기업에 대해, 특히 비금융권 기업에 대해 나는 다음의 주요한 다섯 가지 비율을 순서대로 살펴본다.

- 오래된 지표인 PER(주가수익배수)을 맨 먼저 본다. 올해의 예상 순이익 대비 주가의 비율뿐만 아니라 다음 2년까지를 살펴보는 게 보통이다. 나는 절대적 수치는 물론, 상대적 수치도 함께 검토한다.
- 그리고 총 현금흐름에 대한 기업가치$^{\text{EV, enterprise value}}$를 보여주는 EV/EBITDA도 살펴본다. 이때의 EV는 소수주주지분 및 연기금 결손$^{\text{pension fund deficit}}$ 등의 조정이 반영된 수치다.
- 그 다음에는 잉여현금흐름$^{\text{free cash flow}}$ 전망치를 본

다. 즉 기업이 벌어들일 것으로 예상되는 주당현금흐름을 주가로 나눈 수치도 고려한다.
- PSR(주가매출액배수) 차트, 또는 가능하다면 EV/매출액(기업가치-매출배수) 차트도 살펴보고자 한다(이런 차트들은 손실을 내거나 낮은 이윤을 내고 있는 기업 분석에 특히 유용하다).
- 다섯 번째 지표는 투입 자본에 대비해 주가가 어떻게 움직이는지를 보여주는 현금흐름투자수익률$^{\text{CFROI,}}$ $_{\text{cash flow return on investment}}$이다. 무위험수익률$^{\text{risk free}}$ $_{\text{rate}}$ 이상의 수익률을 올리는 기업은 투입 자본 대비 주가에 프리미엄이 붙어 거래될 것으로 예상된다. 반면 무위험수익률을 밑도는 성과를 내는 기업은 할인되어 거래될 것이다.

내가 이런 밸류에이션을 하는 데 참고하고 있는 주요한 원천은 CSFB 홀트(투자은행인 크레디트스위스 퍼스트보스톤^{CSFB}의 리서치 부문—옮긴이), Quest(영국 펀드매니저 콜린스 스튜어트의 리서치 툴—옮긴이) 및 도이치뱅크에서 이용하는

CROCI^{cash return on capital invested} 방법론이다. 이런 밸류에이션 도구가 뚜렷이 부각되기 시작한 것은 고작 10~15년 정도밖에 되지 않는다. 나는 특히 매수 대상 후보들을 검토할 때 또는 다른 밸류에이션 방법론과 비교할 때 이 세 가지 시스템을 모두 동원한다. 물론 이들 모두가 다소간 현금흐름할인법의 단점을 갖고 있기는 하지만 말이다.

여러분은 또한 어떤 업종에 어떤 밸류에이션이 가장 적절한지에 대해서도 알아야 한다. 예를 들어 주택건설업종의 주식에는 조정PBR이 가장 유용하다. PER은 거의 의미가 없다. 토지 매매에 따라 이익이 일회적으로만 발생하는 속성이 있기 때문이다. 그런데도 잘 알려진 투자자조차 이 분야의 매력도를 말하면서 PER을 거론할 때는 언제나 놀라게 된다.

내가 상대적으로 신경을 덜 쓰는 두 가지 밸류에이션 방법론이 있다. 하나는 주가이익증가배수^{PEG, price earnings to growth}이고, 또 하나는 배당 할인 또는 현금흐름할인 등과 같은 할인 모델이다.

내가 깨달은 바에 의하면 PEG는 가치투자자보다는 성

장주 투자자의 영역이다. 하지만 어쨌든 이 지표에 따르면 다음과 같은 주장이 가능해진다. 즉 연간 주당순이익 성장률이 5%이고, PER 5배인 주식 A와 연간 주당순이익 성장률이 10%이고, PER 10배인 주식 B 그리고 연간 주당순이익 성장률이 20%이고, PER이 20배인 주식 C가 모두 같은 PEG를 갖게 돼 똑같이 매력적이라는 것이다. 이건 정말 이치에 닿지 않는 주장으로 보인다. 만약 그렇다면 나는 '날마다' 주당순이익이 5%씩 성장하는 PER 5배인 주식을 선택할 것이다.

배당 할인이나 현금흐름할인 등의 할인 모형은 우선 10년간의 배당 및 현금흐름을 구체적으로 가정한 뒤 기업이 성숙기가 되었을 때의 영구가치와 함께 제시한다. 그런 다음 이 수치 전부를 할인율로 할인해 합치면 현재의 가치가 산출된다. 이 밸류에이션의 문제점은 향후 4~5년간의 실적이 가치의 대부분을 좌우한다는 점이다. 내 경험으로는 먼 미래는 고사하고 향후 2~3년조차 정확하게 예측하기가 어렵다. 이 방법으로는 향후 연도에 대한 가정이 바뀌면 현재의 가치도 크게 바뀌게 된다. 따라서 나는 이런 가치평가 방법은 그 단점을 명확하게 인식하고, 오로지 교차 점검 등의 목적으로만 사용하려고 한다.

나는 배당률을 잘 보지는 않는다. 장기적으로 볼 때 배당은 결국 이익의 영향을 받게 되기 때문이다. 따라서 나는 이익 밸류에이션을 살펴보는 쪽을 더욱 선호한다. 하지만 주가 하락기를 방어하고 싶을 때는 배당률이 대단히 유용하다. 왜냐하면 배당은 안전하기 때문이다.

나는 또한 분할가치 break-up value(하나의 기업을 쪼개서 팔 때의 단위 사업부별 가치—옮긴이) 같은 밸류에이션 도구도 살펴본다. 그러나 투자자라면, 다른 밸류에이션 방식들에 비해 상대적으로 '활기를 띠는' 방식들이 언제나 존재한다는 점에 유의해야 한다. 다음과 같은 상황들이 내 말을 뒷받침할 수 있을 것 같다.

증시가 강세장이 되어갈수록 중개업자가 주식가치를 정당화하는 데 사용하는 밸류에이션 도구가 보수성을 잃어간다. 현금이나 우량한 부동산 등 확실한 가치에 근거하지 않은 분할가치는 상승장이 계속되면서 더욱더 많

> **증시가 강세장이 되어갈수록 밸류에이션 도구는 보수성을 잃어간다.**

이 사용되곤 한다. 약세장에서는 반대로 배당률 등 상대적으로 보수적인 방법론이 많이 사용된다.

기업이 이익을 내지 못하더라도 영리한 중개업자는 주식을 매력적으로 보이게 할 또 다른 비율을 언제든 찾아낼 것이다! 여러분은 보수성이 떨어지는 이런 밸류에이션 방법론을 경계해야 한다.

Chapter **09**

인수 대상이 될 만한 기업을 골라라

소문에 근거해 주식을 매수하는 것은
손실로 가는 지름길이다.

> **주식을 보유함으로써 좋은 점 가운데 하나는 때때로 이를 인수 프리미엄이 붙은 가격에 팔 수 있다는 것이다.**

주식을 보유함으로써 좋은 점 가운데 하나는 때때로 이를 인수 프리미엄이 붙은 가격에 팔 수 있다는 것이다. 기업 인수가 이뤄질 때의 평균 프리미엄은 직전 거래가격의 25~30%에 이르며, 경쟁이 붙으면 입찰 프리미엄이 이보다 훨씬 높은 수준에서 형성되기도 한다.

인수 관련 제안이 올 가능성이 높은 주식을 알아볼 수 있는 안목을 갖춘 투자자라면 자기 포트폴리오 속에 타깃이 되는 주식을 갖고 있을 가능성도 높아진다. 그러나 대형주가 인수의 타깃이 될 가능성은 낮다. 따라서 중소기업을 선호하는 투자자가 인수 대상이 될 기업의 주식을 쥐고 있을 확률이 높다. 이는 너무도 명백해 보이는 사실인데도 종종 간과된다.

기업 인수를 시도하는 쪽은 보통 두 종류다. 같은 업종에 종사하는(물론 항상 그런 것은 아니다) 비금융 제조업체나 사모회사 같은 금융업자다.

인수 희망자가 전자라면 주주 입장에서는 합병이 일어

날 가능성이 높은 업종을 알아볼 수 있어야 한다. 한때 영국에는 많은 지방 TV 방송국이 증시에 상장돼 있었다. 오늘날 그 대부분이 ITV(영국 지상파 채널—옮긴이)로 합병됐는데, 이런 조짐은 합병 이전부터 충분히 있어 왔다.

비슷한 흐름이 담배산업에서도 일어났다. 많은 나라의 담배회사들이 몇 개의 글로벌 기업으로 통합된 것이다. 어떤 경우에는 독점과 관련된 규제 때문에 합병이 불가능한 영역도 있고, 담배업종처럼 전국적 독점이 상대적으로 적은 문제를 일으키는 영역도 있다. 이런 역학관계를 이해하는 것은 매우 중요하다.

가치투자로 접근하라

사모펀드가 인수를 시도하는 것은 산업과 관련된 이유 때문인 경우도 있지만, 특정 기업의 재무적 측면이 매력적으로 보이기 때문이다. 다른 조건이 같다면 인수 희망자는 안정적이며, 예측 가능한 현금흐름을 창출하는 기업을 선호할 것이다.

왜냐하면 새 기업은 외부 주주가 있는 기존 기업의 경영진이 감수하는 것보다 훨씬 더 많은 부채를 감당할 수 있기 때문이다. 신규 인수 기업이 부채를 늘리면 이자비용에 대한 절세효과가 발생하고, 이는 특히 EV/EBITDA 가치평가에 긍정적인 영향을 미친다. 그래서 이런 거래의 경우 사모펀드가 지불하는 가격은 은행 마음대로, 또는 채권시장의 등급에 따라 결정된다.

2007년 초는 사모회사들이 대출계약 관련 조건을 거의 또는 전혀 갖추지 않았음에도 돈을 빌려줄 준비가 되어 있는 은행과 거래를 할 수 있었던 이례적 시기였다. 콜버그 크라비스 로버츠^{KKR}(미국계 사모펀드—옮긴이)가 얼라이언스 부츠$^{Alliance\ Boots}$(영국 의료품 유통업체—옮긴이)를 110억 파운드에 인수한 일은 대단히 높은 가격의 거래였을 뿐만 아니라, 거래 규모 면에서 봐도 이런 사이클의 정점을 찍었다고 볼 수 있다. 앞으로도 상당 기간 이만한 거래를 또다시 보긴 어려울 것이다.

대개의 경우 사모펀드 구매자에게 매력적인 재무비율은 가치투자자들에게도 매력적이다(마찬가지로 투자자가 꺼리는 요소가 있다면 사모회사도 달갑지 않게 여길 것이다. 예를 들어 시가총액 대비 과다한 퇴직연금 부채 등이 그런 것이다). 따라서 가치투자 접근법으로 주식을 매수하면 다른 회사로부터 인수 제안을 받을 수 있는 기업의 주식을 보유하게 될 확률이 높아진다.

사모펀드는 시장에서 계속해서 높은 영향력을 행사할 가능성이 높다. 특히 사모펀드의 자금 규모가 점점 더 커짐에 따라 비상장 기업을 대상으로는 대규모 자금을 효율적으로 활용할 기회가 줄어들어 지금의 시장 불안이 해소되면 공개매수 후 상장폐지 public to private deal 거래가 다시 활발해질 것이다. 2008년에는 직전 해 있었던 공개매수 후 상장폐지 과정에서 조달한 부채를 낮은 가격에 상환하는 거래를 포함해 몇 차례 작은 규모의 이런 거래가 있었다.

앞장에서도 살짝 언급한 바 있지만 어떤 기업이 인수될 가능성이 높은지 실마리를 줄 만한 또 다른 단서가 있다. 바로 주주 현황 분석이다. 우선 많은 유럽 기업들처럼 기업에 지배주주가 있으면 인수합병은 이들의 재량에 따라 결정된다. 그러나 지배주주가 아닌 한두 명의 대주주가 있는 기업이라 해도 몇몇 기관투자자 주주들이 지배하는 기업만큼이나 인수 시도의 대상이 되기 쉽다. 인수 희망자는 이런 대주주 두어 명의 동의만 있으면 인수를 향한 탄탄대로를 밟게 되리라는 걸 알고 있다. 지배주주가 없는데다, 많은 잉여현금을 창출하는 기업은 특히 인수 공세의 대상이 되기 쉽다.

합병을 하려면 주주의 동의율이 50%만 넘으면 되지만, 대부분의 인수 희망자는 90% 이상의 동의를 얻고자 한다. 합병 동의율이 90%를 넘으면 나머지 주식을 강제로 매수할 수 있게 된다. 사모회사들은 이것이 가능한지를 알아야 한다. 목표 기업의 현금흐름에 100% 접근할 수 있는지에 따라 이들의 자금 조달 구조가 좌우되기 때문이다.

결과적으로 10% 지분을 가진 주주는 이런 인수 관련 입찰에서 상당히 강력한 위치를 점하며, 상황에 따라서는 인수 자체를 뒤엎을 수도 있다. 피델리티에도 유사한 상황이 있었다. 우리의 지분은 자체적으로는 10%에 못 미쳤지만 다른 주주 한두 명과 합치면 10% 수준에 이르렀다. 그런데 우리와 이 다른 주주들이 인수 제의를 받아들이지 않기로 합의했다. 인수 가격이 너무 낮다고 생각해서였다.

내 경험에 따르면 다른 기관들의 인내심은 우리 회사보다 못한 경우가 적지 않다. 처음엔 우리에게 동의했다가 협상이 마지막 국면에 접어들면 마음을 바꾸는 기관들을 많이 보았다. 아마도 비상장주식을 보유한 채로 남고 싶지 않았기 때문이었을 것이다.

하지만 우리가 10% 지분을 갖고 있는 기업에서는 인수 제의를 거절하는 데 몇 차례 성공했다. 우리가 지분을 갖고 있는 기업은 비상장회사로 남았지만, 곧 매각되거나 훨씬 높은 가격에 다시 상장되곤 했다.

하지만 모든 일이 항상 순조롭게 진행되는 것은 아니다. 한 예로 싱클레어 몬트로스Sinclair Montrose라는 회사를 들 수 있다. 이곳의 주력 사업은 병원에 임시직 의사와 간호사를 파견하는 것이었다. 우리는 사모펀드의 인수 제안 가격이 너무 낮다고 생각해 상장이 폐지된 뒤에도 회사 주식을 그대로 보유했다. 1~2년 뒤 기업환경에 중요한 변화가 생겼다. 이 기업의 최대 고객이었던 NHS National Health Service(영국 국민건강보험)가 직접 경쟁에 뛰어들어 같은 사업을 하게 되면서 기업 이익이 폭락했다. 우리는 손실을 보더라도 이 투자처에서 벗어나야 했지만, 상장회사가 아니었기에 그럴 기회가 없었다.

성공적인 인수가 이뤄져 우리가 큰 이익을 볼 수 있었던 기업으로는 휴대폰 회사인 MMO2를 꼽을 수 있다. 이 회사는 처음엔 BT British Telecom에서 분사된 곳이었다. 분사된 지 얼마 안 돼 나는 최고경영자에게 중기적으로 회사에 어떤 일이 일어날 것으로 보느냐고 물어봤다. 그러자 그는 대형 통신회사 가운데 한 곳에 합병될 것으로 본다고 솔직하게 털어놨다. 몇 년 뒤 실제로 그렇게 됐다. 텔레포니카 Telefonica(스페인 통신회사—옮긴이)에 매각되었던 것이다.

한동안 내 펀드에 MMO2가 가장 비중 높은 주식 가운데 하나였던 것은 최고경영자의 이런 말과 기타 몇 가지 매력적인 주가 회복의 특성 때문이었다. 당시 나는 이 주식을 보다폰Vodafone(영국에 기반을 둔 유럽 최대 이동통신사—옮긴이)보다 선호했다. 보다폰이 인수합병되는 일이 일어날 가능성은 거의 없기 때문이었다.

많은 투자자들이 때로는 몇 가지 귀띔에 근거해 단기에

Chapter 09 인수 대상이 될 만한 기업을 골라라

인수 대상이 될 만한 주식을 찾아내려고 한다. 내 견해로는 이는 중개업자에게 더 많은 수수료를 떼어주는 일일 뿐이다. 초단기에 실현될 M&A 대상을 탐지해내는 일이란 불가능하다. 또한 소문에 근거해 주식을 매수하는 것은 손실로 가는 지름길이다.

> **초단기에 실현될 M&A 대상을 탐지해내는 일이란 불가능하다.**

그런데 일단 인수 입찰 소식이 발표되고 나면 많은 투자자들이 지나치게 빨리 주식을 팔아버린다. 인수 최종가는 최초 입찰가보다 높은 경우가 많다. 그렇기 때문에 입찰이 실패로 돌아갈 위험을 감지해내지 못했다면 최초 입찰 발표 뒤에는 주식을 팔지 않는 것이 최선이다. 인수합병과 관련하여 차익을 노리는 전문투자자는 이런 상황에 집중하는데, 신중하게 분석하고 투자한다면 돈을 버는 좋은 방법이 될 수도 있다.

이 장의 대부분을 할애해 나는 인수 시도의 대상이 될 만한 기업에 대해 설명했다. 그렇다면 인수를 시도하는 상장회사는 어떤가?

인수를 해야 할 강력한 이유가 있고 합당한 가격만 지불

된다면, 중기적으로는 인수자의 주가에도 긍정적으로 작용할 것이다. 하지만 나는 '대단히 드물어서 눈에 띄지 않을 수가 없는' 거래, 특히 인수 회사가 거액을 지불해야 하는 '지각 변동을 일으킬 만한' 거래는 회의적으로 본다. 인수 자금 조달과 관련해서는 대부분의 기업이 은행 부채나 채권시장을 이용할 것이다. 어떤 기업이 전환우선주 같은 이례적인 자금 조달 구조에 의존한다면, 이는 이 기업에 통상적인 자금 조달 채널이 막혀 있다는 경고 신호가 될 수 있다. 이런 종류의 거래는 의심해보아야 한다.

2007년 초반 사모펀드 버블이 꼭짓점까지 치솟았을 때 나는 '대출 조건이 완화된' 자금 대출은 위험하다고 계속 언급했다. 사모펀드 주주들의 눈에는 그 회사의 재무 성과에 거의 또는 아무런 제한이 없는 이런 대출이 매력적이었을 것이다(일반적으로 대출에는 특정 기업의 재무 상태가 사전 약정 비율을 위반할 정도로 악화되면 채권자가 대출을 회수할 수 있다는 조건이 따라붙게 마련이다). 심지어 우리의 경쟁자인 한 투자운용회사도 경영자 인수 방식MBO, management buy out의 인수합병을 추진하면서 이런 대출을 끌어다 썼다.

Chapter 10

제일 선호하는 주식의 스타일

업황이 회복되는 턴어라운드 주식을
매력적인 밸류에이션에 매수하는 것이
내 투자법의 핵심이다.

"우리는 집요한 분할매수로 주식 매수 평균 단가를 낮추려 한다. 다음과 같은 두 가지 사실은 명백해 보인다. 첫째, 지속적으로 저점에 사서 고점에 팔 수 있는 사람은 없다(버나드 바루크의 말을 빌리자면 거짓말쟁이만 빼고). 둘째, 평균 단가가 가장 낮은 쪽이 이긴다. 우리는 우리가 보유한 주식의 가격이 떨어질 때 추가적인 매수를 통해 평균 단가를 낮추기 위해 지속적으로 노력한다." _ 빌 밀러

Chapter 10 제일 선호하는 주식의 스타일

업황이 회복되는 턴어라운드 주식을 매력적인 밸류에이션에 매수하는 것이 내 접근법의 핵심이다. 내가 운용해온 '스페셜 펀드' 같은 경우가 특히 그렇다.

시장에는 상당 기간 좋지 않은 상황을 보인 기업들이 항상 있다. 내 경험상 많은 투자자들이 잘 안 되고 있는 이런 기업을 외면하다가 업황 회복의 변화가 보이는데도 기회를 놓치곤 한다. 회복세를 보여주는 변화로는 경영진의 교체, 구조조정이나 자금 재조달 등을 들 수 있다. 비슷한 맥락에서 나는 비인기 주식을 선호한다.

> **나는 비인기 주식을 선호한다.**

피터 린치는 다음과 같은 질문에 해당하는 특성을 하나 이상 갖춘 주식을 좋아했다.

따분하거나 나아가 우스꽝스럽게 보이는가? 따분한 일을 하는가? 비위에 거슬리는 일을 하는가? 분사된 기업인가? 기관투자자들이 거들떠보지도 보유하지도 않고, 애널리스트들이 분석하지도 않는가? 쓰레기 같은 주식이라거나 마피아가 보유하고 있다는 등의 소문이 파다한가? 뭔가 우울한 측면이 있는 주식인가? 비성장 산업에 속하는 주식인가?

이는 모두 대부분의 기관투자자나 개인투자자들이 멀리할 특성이기 때문에 매력적인 투자 기회로 이어질 수 있다.

애널리스트가 특정 기업에 대한 분석을 포기한다든지, 회사의 전망에 대해 말하는 이들이 거의 없을 때 아주 좋은 신호가 나오곤 한다. 파산보호절차를 밟고 있는 기업 역시 또 다른 기회를 제공한다. 나는 몇 군데의 케이블TV회사를 비롯하여 마르코니 Marconni(영국 무선통신기업—옮긴이), 유로터널 Eurotunnel 등 이런 유형의 회사에 투자해서 수익을 내왔다. 이런 회사들은 대부분 기관투자자의 레이더망에서 벗어나 있기 십상이다. 비슷한 맥락에서 복잡하고도 이례적인 자본구조를 가진 기업도 많은 투자자들의 관심 밖에 있다.

내 경험상 업황 회복 국면의 주식 가운데 가장 좋은 것은 새 경영진이 들어와 구체적인 계획을 제시하는 기업이다. 문제의 기업은 현재 여러 방면에서 비슷한 기업들에 뒤처져 있지만, 자신들의 소소한 문제들을 잘 처리하여 경쟁자

Chapter 10 제일 선호하는 주식의 스타일

와 어깨를 나란하게 하거나 또는 더 앞서나가게 할 뚜렷한 복안이 있다는 것을 분명히 보여줘야 한다. 이런 요소들을 측정할 수 있다면 더욱 좋다. 새로운 경영진의 업무 능력이 어떤지, 기업이 회복으로 가는 길목의 어디쯤에 와 있는지 추적할 수 있기 때문이다.

"소매업은 세세하다 Retail is detail"란 말에서도 알 수 있듯이, 소매 업황이야말로 이런 유형의 회복 상황을 알려주는 좋은 원천이 될 수 있다.

또한 열악한 사업 구조를 가진 기업과, 당장의 성과는 저조하지만 양호한 사업을 하고 있는 기업에서의 회복 상황을 혼동해서는 안 된다. 열악한 사업을 하고 있다면 결코 회복하지 못할 수도 있다.

회복기 주식 사는 법

간혹 당신에게 모든 정보가 입수되지도 않았는데 회복기의 주식을 매수해야 할 때가 생긴다면 마음이 편하지 않을 것이다. 하지만 이런 주식을 제쳐둬

선 안 된다. 모든 정보가 들어오고 회복이 끝나고 나면 투자자는 그 주식으로부터 가장 좋은 수익률을 올릴 시기를 놓치게 된다. 그렇기 때문에 투자자는 때때로 스스로를 이런 '불편' 구역으로 밀어넣어야 한다.

반면 하락 국면에서는 회복기의 주식을 매수하는 게 시기상조일 수도 있다. 이때가 많은 투자자들이 실수를 저지르는 때이다.

나는 이 단계에선 때론 극히 소액 지분, 예를 들어 포트폴리오의 0.1% 정도만을 보유한다. 그래야 이 주식을 집중해서 지켜보다가 최악의 상황이 지나갔다는 확신이 생길 때 추가 매수를 할 수 있기 때문이다.

중요한 것은 처음 나온 나쁜 뉴스(예를 들어 최초로 나온 이익 악화의 경고)가 마지막 나쁜 뉴스가 되는 경우는 거의 없다는 점이다. 짐짓 아무렇지 않은 얼굴을 지어 보이는 경영진의 말에서 더 많은 나쁜 뉴스가 뒤따르리라는 경고 신호를 포착할 수 있는 경우도 있다. 그들은 미래에 대해 포괄적이고 온화하게 말할 뿐

> **처음 나온 나쁜 뉴스 (예를 들어 최초로 나온 이익 악화의 경고)가 마지막 나쁜 뉴스가 되는 경우는 거의 없다.**

구체적으로 말하지는 않는다.

따라서 회복기의 주식을 사려는 투자자라면 시장 진입 시점을 선택할 때 특히 인내심을 갖고 지켜봐야 한다. 확신이 생기면 빌 밀러의 말처럼 평균 매입 단가를 낮추는 것도 좋은 전략이다.

나는 대규모 펀드를 운용해오면서 불가피하게 매수 가능 물량이 시장에 남아 있을 때, 즉 초기 단계에 진입해야 했다. 우리 회사 애널리스트들은 곧잘 주가가 회복되기 시작하자마자 주식에 대한 투자 의견을 조정하고 낙관적인 전망을 내놓는다. 나는 적어도 이보다는 한 발짝 먼저 행동해야 했다. 이에 따라 상황이 개선되기 시작한다는 게 분명해지기 전에, 그리고 시장에 아직 매도자가 남아 있을 때 이미 상당한 수준의 지분을 확보해놓을 수 있었다.

기업에 해가 될 것으로 보이는 잘 알려진 사건(예를 들어 대형 소송이라든지, 새로운 경쟁자의 진입 등)이 일어날 것으로 예측되면서 주가가 상당 기간 하락하게 되는 특수한 상황도 종종 발생한다. 그런 사건이 실제로 일어날 때쯤이면 주가는 구미가 당기는 수준에 이르게 된다. 따라서 사건이 터지기 직전에 주식을 매수하는 것도 괜찮은 전략이다.

내가 좋아하는 또 다른 유형은 비대칭 보상^{asymmetric} $^{pay-off}$형 기업이다. '비대칭 보상형 주식'이란 큰 손실을 보지 않을 것이라는 확신이 있는 반면에 큰돈을 벌 수도 있는 주식을 말한다.

> **나는 비대칭 보상형 기업을 좋아한다.**

예를 들면 현재 보유한 유전에서 지속적으로 현금이 창출되어 성공하면 대박이 기대되는 시추 탐사 등에 이 돈을 재투자하는, 튼튼한 재무상태표를 가진 밸류에이션이 좋은 석유탐사기업 등을 생각해볼 수 있다. 케른 에너지^{cairn} ^{energy}(영국 유전개발기업—옮긴이) 등은 이런 일에 대단히 능했던 기업으로, 두 번이나 성공적인 유전을 발굴했다.

그러나 나는 수익의 확률이 대단히 매력적이지 않는 한, 수익을 올릴 가능성만큼 손해를 볼 가능성도 큰 '대칭 보상형 주식'에는 별로 관심이 없다.

회복기의 주식만큼 내가 좋아하는 주식으로는 자산 대비 주가 할인폭이 큰 경우, 감춰진 성장주(많은 투자자들에게 낯선 영역이나 주력 사업의 매력도가 떨어지는 기업에 감춰져 있는 성장 분야), 특정 섹터의 정상가치 이탈주(해당 섹터에서 가장 싸게 거래되는 주식들로서, 가격이 그렇게 낮아야 할 이유를 이해할 수 없는 주식들), 인수합병 대상인 경우 등이 있다. 물론 이런 기준들 가운데 두세 가지 이상을 갖추고 있는 주식도 포함된다.

제레미 그랜덤 GMO 회장은 미국에서의 성장주 투자와 가치투자에 대해 대단히 흥미로운 관측을 내놓았다.

"성장주는 짜릿할 뿐만 아니라 인상적으로 보인다. 이런 주식을 보유하는 것은 너무도 당연해 보여서 경력 관리 위험career risk도 거의 없다. 그러나 이들은 지난 50년간 연간 1.5% 정도씩 시장수익률을 하회해왔다. 반면 가치주는 지루하고, 간신히 버텨나가는 평균 이하의 회사들에 속한다. 사후적인 관점에서 보면 이런 회사들이 계속해서 부실한 성과를 내리라는 것은 예측 가능했던 것으로 보일 수밖에 없다. 따라서 실제로 그런 일이 일어나면 경력 관리에 심각한 위험을 초래하게 된다. 이런 경력 관리 위험과 상대적으로 저조한 펀더멘털에 대한 보상 차원인지, 가치주는 연간 1.5% 차이로 시장수익률을 상회하는 성과를 내왔다."

나는 이렇게까지 잘 설명하지 못할 것 같다. 그러나 장기적 확률이 이렇다면 어디에 베팅해야 하는지는 잘 알고 있다. 물론 단기적으로는 한 가지 특정한 스타일이 시장의 방향이 바뀌기 전까지 몇 년간 시장수익률을 상회할 수도 있을 것이다.

Chapter 11

현명하게 사고파는 법

증시에는 '멀리건^{mulligan}(실수를 만회할 기회)'이 얼마든지 있다.

펀드매니저 일을 시작한 초창기에 상대적으로 규모가 작고 집중화된 포트폴리오를 운용할 당시에는 나는 주식 선정뿐만 아니라 거래도 직접 하곤 했다. 매수와 매도를 직접 해보는 것은 큰 도움이 되는 경험이라고 생각한다. 하지만 이는 시간을 많이 할애해야 하는 일이기 때문에 전문 트레이딩팀을 꾸리는 편이 자원 이용 측면에서 더 효율적이다.

포트폴리오 매니저와 거래담당자 사이의 관계는 매우 중요하다. 훌륭한 거래담당자는 자산운용가가 언제 주식을 사고 싶어 하고, 언제 그렇지 않은지를 잘 알고 있다. 그런 거래담당자라면 어떤 뉴스가 간과해선 안 될 만큼 중요하고 어떤 뉴스가 그저 '잡담'에 불과한지도 잘 알 것이다.

지난 10여 년간 나는 낚시에 심취해왔다. 낚시에 일가견이 있어서가 아니라 주식시장을 잊고 시간을 보내기에 안성맞춤이었기 때문이다. 낚시와 주식 거래는 유사하다. 물고기가 미끼를 물면 언제 잡아당겨야 할지 언제 줄을 느슨하게 풀어야 할지를 알아야 한다. 마찬가지로 공격적인 매수 또는 매도 시점은 언제인지, 시장이 마음에 맞는 상태가 될 때까지 느긋하게 기다려야 하는 때는 언제인지 아는 것

Chapter 11 현명하게 사고파는 법

도 주식 거래의 기술이다.

오랫동안 나는 특정 주식에 대해 시장에서 즉시 조달할 수 있는 규모 이상의 주문을 내곤 했다. 내가 원하는 한도까지 사거나 팔려면 몇 시간 또는 며칠이 걸리기 일쑤다. 때문에 매수할 때는 우리가 원하는 만큼의 블록 딜^{block} ^{deal}(대규모 지분 매각 시 가격과 물량을 미리 정해 특정 주체에게 일괄 매각하는 방식—옮긴이) 주식이 시장에 있는지(매도할 때는 블록 딜 주식에 대한 입찰이 있는지) 등이 매우 중요하다. 규모가 큰 매수·매도를 가장 싸게 처리하는 방법은 거의 언제나 블록 딜을 통하는 것이다. 따라서 우리 거래담당들은 가능한 모든 블록 딜의 가능성을 알고 있어야 한다. 실제로 나는 이런 블록 딜 물량이 있다는 이유만으로도 움직이곤 한다(예를 들어 그것이 내가 주시해야 할 기업 목록에 올려놓은 작은 회사일 경우).

우리에겐 매매 전담팀과 분리된 별도의, 민감한 블록 딜을 도와주는 또 다른 전담자가 있다. 나는 특히 피델리티 내부의 다른 매니저가 내놓는 일괄 매각 주식을 선호하는데, 이는 블록 딜과 관련된 모든 거래 가운데서도 가장 싸기 때문이다(이런 일이 일어나는 한 가지 이유는 서로 다른 펀드는 서로 다른 현금 유출입을 가지고 있으며, 때때로 한 포트폴리오 매니저가 특정 주식을 팔 때 다른 매니저는 그것을 사들이는 경우가 있기 때문이다. 자산운용가들은 저마다 서로 다른 스타일을 가지고 있기 마련인데, 따라서 예를 들어 성장주 펀드가 특정 주식을 사들이는 시기에 가치주 펀드는 이를 파는 경우가 있다).

> **나는 극히 일부의 거래에만 한도를 설정한다.**

나는 극히 일부의 거래에만 한도를 설정한다. 그리고 보통 거래담당자에게 전권을 준다. 하지만 만약 주가가 3% 이상 변동하면 거래담당자는 즉시 내게 알리도록 되어 있다.

한도를 설정할 때는 우수리가 없는 수, 즉 딱 맞아 떨어지는 수는 피한다. 대부분의 투자자는 사사오입 방식으로 사고하며 10 또는 100의 배수로 한도를 설정한다. 따라서 주식이 98펜스에 거래되면 100펜스가 될 때까지 사라고 말하고, 93펜스에 거래되면 90펜스까지 내렸을 때 팔라고 말한다. 그러나 나는 우수리 없는 수의 바로 위나 아래 숫자를 좋아한다. 따라서 이 경우라면 나의 매수 한도는 101

펜스, 매도 한도는 89펜스가 될 것이다. 이는 특히 공모를 통하지 않고 기관투자자가 신주나 기존 주식을 매수할 때 적절히 활용될 수 있다. 이때에도 대부분의 다른 투자자들은 우수리 없는 10펜스 단위로 주문을 넣는다. 이런 우수리 없는 수를 살짝 피하면 특정한 거래를 내게 유리한 쪽으로 성사시킬 확률이 더 높아진다.

나는 대부분의 돈을 개방형 펀드(투자자들이 날마다 돈을 보태거나 찾을 수 있어 이에 따라 총액 규모가 달라지는 펀드)로 운용한다. 큰 금액의 상환 요구를 받을 때도 펀드의 크기에 비하면 그리 크지 않은 게 일반적이다. 하지만 그래도 발생할 수 있는 상환 요구에 대비해 나는 합당한 규모의 유동성 있는 지분을 보유하고 있어야 했다. 시장은 일반적으로 유동성을 과대평가하기 때문에, 유동성이 떨어지는 지분은 거래하긴 어려워도 가격 매력도는 더 높다. 이는 유동성이 떨어지는 작은 주식의 또 다른 매력 포인트다.

내가 찾아낸 또 하나의 사실은 특정한 주가에 주식을 거래할 기회가 단 한 번만 나타나는 경우는 드물다는 것이다. 대단히 심각한 뉴스가 쏟아진 것이 아니고 여러분에게 인내심만 있다면, 최초의 흥분이 가라앉고 난 뒤 두 번째 기회를 맞이하게 되는 것이 보통이다. 레그메이슨 캐피털 매니지먼트의 빌 밀러 회장은 이를 벌칙 없이 주어지는 두 번째 티샷을 의미하는 골프 용어 '멀리건'에 비유하였다. 즉 증시에는 '멀리건(실수를 만회할 기회)'이 얼마든지 있다.

Chapter

12

기술적 분석과 차트는 필요할까

기술적 분석의 장점은
손실은 줄이고 이익은 키울 수 있도록
해준다는 점이다.

"진실^{truth}이 사실^{fact}보다 중요하다." _ 프랭크 로이드 라이트 특정 주식을 볼 때 내가 가장 먼저 살펴보는 것은 주가 차트(보통 3~5년간의 차트)다. 오늘날의 주가를 최근의 역사적 가격의 맥락 속에 넣어보고 싶기 때문이다. 최근 몇 년간 정말 좋은 실적을 낸 주식이 있다는 것을 알게 되면 나는 그 주식을 장기간 떨어지기만 하거나 횡보해온 주식에 비해 달리 보게 된다.

한동안 거들떠보지 않던 기업에 대해 재미있는 새 소식을 들을 때면 나는 다음과 같은 것이 가장 먼저 알고 싶어진다. 이 소식을 내가 다른 사람들보다 일찍 들은 것인가? 아니면 이 매력적인 소식을 다른 투자자들도 똑같이 듣고 이미 주식을 사들였는가? 주식 차트는 종종 이를 한눈에 보여준다.

주식의 성적이 아주 좋을 때, 예를 들어 주가가 서너 배쯤 올랐을 때 좋은 뉴스들은 이미 주가에 반영돼 있음이 분명하다. 나는 보통 이런 주식은 조심한다. 그 예가 2007년의 경우다. 이때 주가 상승기가 4년간 이어지면서 경기의 영향을 많이 받는 제조 및 금속회사 주식은 2003년 저점 대비 3~4배, 때로는 그 이상 상승했다. 제조 및 금속회사의 제품에 대한 아시아, 특히 중국의 이례적인 수요에 힘을 얻었기 때문이다.

우리 회사의 젊은 펀드매니저들은 중국에 다녀온 이후 중국 수요야말로 자신들이 주목해온 어떤 기업군들보다도 가장 매력적이라고 말했다. 대단히 매력적인 것은 분명하겠지만, 나는 얼마나 많은 투자자들이 그들보다 먼저 똑같은 이야기를 듣고 영향을 받았을지를 생각해보았다. 대부분의 성공한 투자자들이 아마도 2004년, 2005년, 2006년에 이런 주식을 사들였을 것이다(나는 대단히 일찍 몸을 사렸지만, 주식은 2008년 중반기까지 견고한 실적을 내다가 이후 하락하기 시작했다).

이미 좋은 실적을 내고 있는 주식은 절대 사지 않겠다는 뜻이 아니다(사실 이런 주식이 상당히 좋은 기회가 되는 경우가 종종 있다). 단지 이런 주식을 보다 위험한 것으로 간주하겠다는 의미다.

시장의 전환점이 가까워졌다고 여겨질 때는 특히 그렇다. 투자자가 앞으론 실현할 수 있는 투자 수익이 아직도 엄청나게 남아 있는 듯한 '빼어난' 펀더멘털을 갖춘 주식조차도 시장의 흐름이 역전되는 시기엔 취약하다. 대단히 중요한 사안인데도 경험이 부족한 자산운용가들은 이를 제대로 이해하지 못한다.

나는 특히 '수건돌리기^{pass the parcel}형 주식'을 싫어한다. 밸류에이션이 매우 높은데도 아직 괜찮은 모멘텀이 남아 있어 투자자들이 추가적인 상승을 기대하며, 음악이 멈추기 전 누군가에게 팔아넘길 수 있기를 바라는 주식 말이다.

❝ 나는 '수건돌리기형 주식'을 싫어한다. ❞

기술적 분석의 의의

기술적 분석에 대해 최초로 관심을 가지기 시작한 것은 1970년대 초 카이저 울만^{Keiser Ullmann}이라는 작은 은행에 처음 근무하던 때이다. 대학을 갓 졸업하고 취업 인터뷰를 하러 갔을 때 투자담당 중역이 마크앤스펜서^{Mark & Spencer}의 주가 차트 한 장을 보여주며, 즉시 투자와 관련된 결론을 이끌어낼 것을 유도했다. 나는 당시 차트 분석에 대해서는 아무것도 몰랐기 때문에 그 의미를 거의 해독할 수 없었지만, 아는 체하며 고개를 끄덕였다!

카이저 울만에는 세 명의 정규직 애널리스트가 있었는데, 이코노미스트, 기본적 분석을 담당하는 애널리스트와 함께 이례적으로 기술적 분석을 맡는 애널리스트가 있었다. 아서 에이브라함이라는 사람이었는데, 그의 인생에서 주요 관심사는 차트와 빅토리아 시대의 그림을 모으는 일 두 가지였다(그는 영국의 화가 앳킨슨 그림쇼의 장점을 일찌감치 알아보았다. 그는 그림이 훌륭한 투자 수단이 될 수 있으며, 자신이야말로 올바른 길을 가고 있다는 점을 우리에게 늘 강변했다). 어쨌든 아서는 이동평균과 상대강도 relative strength(기준이 되는 시장 전체에 대해 특정 업종이나 개별 종목이 어떤 관계인지를 측정하는 것—옮긴이)를 사용하는 법, 상향돌파 또는 하향돌파를 나타내는 패턴을 해석하는 법 등 내게 많은 것을 가르쳐주었다.

나는 주가 차트에 중대한 추세 변동이 생겨난 주석광업 회사 주식에 투자했던 일을 기억한다. 이는 나에게 최초의 투자였다. 나는 100파운드를 투자해서 20파운드의 수익을 올렸다. 이는 또한 내가 소액 투자를 한 몇 안 되는 사례 가운데 하나다.

펀드를 운용하기 시작하면서 개별적으로 주식을 사들이는 일을 그만두고 내가 운용하는 펀드에 내 돈을 넣어 관리하기 시작했다. 이는 아마 모든 펀드매니저들의 표준적 전략일 것이다. 펀드운용과 관련된 책임에서 벗어나고부터는 내 개인 투자자산을 '스페셜 펀드' 및 '글로벌 스페셜 펀드'에 넣었다. 내 주식시장 관련 자산의 대부분이 이 두 펀드에 들어 있다.

나는 기술적 분석을 개별 주식에 대한 기본적 분석을 하는 데 필요한 틀 또는 겉포장 정도로 생각한다. 즉 종목 선정을 위한 하나의 훈련이라고 생각하는 것이다.

기술적 분석이 내 기본적 분석의 관점을 강화해준다면, 그렇지 않은 경우보다 더 큰 금액을 베팅하게 될 것이라는 의미다. 반면 기술적 분석이 내 기본적 분석의 낙관적인 관점을 확증해주지 않으면, 나는 우리가 간과한 부정적 요소는 없는지 되짚어보는 등 해당 기업에 대한 투자 근거를 재점검해볼 것이다. 확신이 대단히 강한 경우 나는 때때로 기술적 분석을 무시하기도 한다. 그렇지 않은 경우라면 두 가지(기술적 분석과 기본적 분석)가 충돌할 때 나는 더 적은 금액만 매수하거나 보유량을 줄일 것이다.

나는 기술적 분석이 영국에서는 FTSE 350, 특히 FTSE 100지수에 포함된 대형주에 더욱 유용하다는 것을 알게 됐다. 상대적으로 소형주의 경우 중대형 펀드를 운용하는 전문 펀드매니저들이 이를 매수하여 보유하는 데는 며칠, 나아가 몇 주가 걸릴 수 있다. 이런 경우 차트를 이용하는 것은 상대적으로 유용성이 떨어진다. 때때로 규모가 가장 큰 기업들이 가장 복잡할 수 있고 분석하기에도 가장 어려울 수 있다. 따라서 이런 경우 기술적 분석이, 차트를 사용하면 놓칠 수 있었던 점을 찾아내기에 유리하다.

중요한 것은 대기업의 경우 어떤 추세가 예상보다 장기간 이어질 수 있다는 것이다. 이런 때 기술적 분석을 이용하면 매수나 매도 시점, 또는 보유 주식 규모를 두 배로 키우거나 절반으로 줄일 시점을 잡는 데 도움이 된다.

나는 특정한 순간에 있어서 어떤 주식에 대한 이용 가능한 모든 기본적 관점의 총합으로서 기술적 분석 결과를 살펴본다. 그리고 이는 때때로 앞으로 일어날 문제를 미리 경고하는 신호가 될 수 있다. 자기가 고른 주식 다섯 개 가운데 두 개는 자신의 바람대로 움직이지 않을 거라는 점을 모든 펀드매니저들이 알고 있는 세상에서 이런 점은 대단히 유용하다.

나는 또한 펀더멘털을 보다 소상히 살펴봐야 할 기업을 집중 조명하며, 걸러내기 위한 도구로 차트를 사용한다. 업황 회복주 후보 등이 이런 기업군에 포함된다. 기술적 분석은 이런 기업들의 추세의 변화를 파악하는 데 도움이 될 수 있다.

사용하는 기술적 분석 시스템이 무엇인지보다 중요한 것은 차트를 이용하는 훈련을 먼저 하는 것이다. 각자에게 딱 맞는 시스템을 찾아내어 그것을 고수하라는 충고를 하고 싶다.

> **자신에게 딱 맞는 시스템을 찾아내어 그것을 고수하라.**

몇몇 중개회사 소속의 기술적 애널리스트들의 분석을 읽는 것과 함께 나는 다음의 주요 정보원을 활용한다. 첫 번째 정보원은 우리 내부 기술적 분석팀으로, 이들은 매우 유용하다. 나는 한 달에 한 번씩 우리 기술적 분석팀장과 공식적으로 마주앉아 내 펀드의 주식을 점검하고 세계 시장에 대한 그들의 월간 논평을 듣는다. 이 논평은 우리 회사 펀드매니저와 애널리스트 모두에게 공개된 것이다. 두 번째로 우리에겐 보스턴에 뛰어난 기술적 애널리스트가 있는데, 나는 항상 그의 보고서를 읽을 수 있다(피델리티는 제공되는 정보 차트를 항상 가치 있게 여기며 대부분의 사무실마다 차트 룸을 따로 가지고 있다).

내가 이용하는 주요 외부 서비스는 QAS라고 하는 미국 업체가 제공하는 기술적 분석 서비스이다. 맬 로쉬라는 유쾌한 신사가 대표였는데, 애석하게도 그는 내가 이 책을 쓰는 동안 유명을 달리했다. 내가 맬을 처음 만난 건 1980년대 스위스 벤겐에서 호주의 한 주식 중개업자가 주최한 회의에서였다. 나는 그 당시를 잘 기억하고 있는데, 첫날 오전 내내 기업 설명회를 가진 뒤 오후에는 기업 경영진 및 다른 펀드매니저들과 스키를 타러 갔기 때문이다. 둘째 날도 설명회 일정이 길게 이어지긴 했지만, 그 이후엔 또 스키를 타러 갔다. 셋째 날에는 둘째 날과 같은 의제가 잡혀 있었지만, 아침 식사 시간이 되자 태양은 빛나고 있었고 설

Chapter 12 기술적 분석과 차트는 필요할까

원은 우리를 유혹했다. 주최 측 관계자가 마침내 이렇게 말했다. "이런 젠장, 오늘 설명회 일정은 다 잊고 슬로프로 나가보세." 나는 미팅을 갖고 있던 호주 기업에 대해서는 많은 것을 배우지 못했지만 맬을 만날 수 있었다. 이 점을 언제나 고맙게 생각해왔다.

맬의 기술적 분석 시스템은 단기 및 중기에 걸쳐 전 세계 주요 주식(뿐만 아니라 시장지수, 외환, 상품, 금리 등)의 순위를 정한 뒤 자신이 생각하는 가격 사이클에서의 위치에 따라 그것들에 등급을 부여한다. 예를 들어 D7 또는 D8은 주가 곡선의 바닥에 있는 주식이다. A1, A2는 상승 추세를 타고 있는 것이며 B3, B4는 꼭짓점에 도달한 주식이다. 그리고 C5, C6은 하락세의 주식이다. 이 시스템은 서로 다른 기간에 걸친 특정 주식의 절대적·상대적 주가 실적을 바탕으로 서비스를 제공한다.

이는 사용하기 편리한 시스템이다. 그가 나눈 등급에 따라 주식을 살펴보면 우리는 전 세계의 어떤 시장이든 재빨리 점검해볼 수 있고, 그가 좋아하는 것과 좋아하지 않는 것을 파악할 수 있기 때문이다(한 나라의 주식은 업종별로 묶

여 있다).

스위스에서의 만남이 있은 뒤 펀드를 운용하면서 나는 거의 한 달이 멀다하고 맬과 전화 통화를 했다. 맬 역시 우리의 런던 사무소를 1년에 두세 차례 방문하곤 했다. 그와의 교류는 의사에게 정기 건강검진을 받는 일에 비견될 만했다. 좋은 소식이 나오길 기대하지만 듣고 싶지 않은 소식을 들어야 할 수도 있었다. 전화를 할 때마다 우리는 전반적인 증시 환경에 대한 의견을 나누는 것은 물론 내 포트폴리오에 들어 있는 주식을 점검했다.

맬은 낙관적이든지 비관적이든지 간에 자신의 의견을 들려주었다. 투자의 세계에 속한 다른 사람들처럼 맬 역시 항상 옳지는 않았다. 하지만 평균적으로 그는 틀릴 때보다 맞을 때가 더 많았다. 사람들은 투자 세계의 유명인사 앞에서는 자신들이 옳다고 생각하는 것을 말하려고 하지 않는다. 그보다는 그 사람이 듣고 싶어 한다고 생각되는 것을 말한다(즉 그 사람의 의견에 동의하는 경향을 보인다). 하지만 맬은 예외였다. 그는 내가 보유한 회사 가운데 하나가 "스키 슬로프 같은 주식(나쁜 뉴스가 아닐 수 없다!)"이라거나 "주식이 아니라 소녀들과 사랑에 빠졌다"거나 더 직설적으로는 "앤서니, 그건 쓰레기야"라고 거침없이 말하길 좋아했다. 때때로 이런 방식으로 자신의 의견을 교차 검증받는 것은 모든 펀드매니저에게 유익한 일이다.

기술적 분석이 가져다주는 가장 좋은 장점 가운데 하나는 손실 난 종목을 손절매하고 이익을 내는 종목을 보유할 수 있도록 우리를 단련시켜준다는 점이다. 언제나 말하기는 쉽지만 행동하기는 어려운 법이다. 나는 기본적 분석 신봉자지만, 두 가지 접근법을 결합시키는 편이 한 가지에만 치중하는 것보다 낫다는 점을 분명히 알게 되었다. 기본적 분석과 관련된 데이터의 문제점은 어느 하나의 재무 정보만으로 투자에 활용하기엔 충분하지 않다는 것이다.

차트에 대한 마지막 의견은 차트를 통해 볼 때 많은 재무적 통계치가 가장 잘 보인다는 것이다. 나는 기업을 역사적 맥락에서 바라볼 수 있도록 그와 관련된 많은 비율 및 요인을 그래프 형태로 보는 것을 좋아한다. 또한 차트는 보통 더 빨리 읽을 수 있고, 기업 미팅 직전처럼 광범위한 자료를 효율적으로 검토해야 할 때 더욱 중요해진다.

Chapter 13

유용한 정보를 찾아내는 눈을 길러라

자산운용업은 답변이 부족한 분야는 아니다.
필요한 능력은
'누구에게, 무엇을 질문할지 아는 것'이다.

"투자자가 붙들고 싸워야 할 가장 큰 문제는 아마도 지속적으로 쏟아져 나오는 잡음과 잡담일 것이다. 잡음은 외생적 단기 정보로 무작위로 일어나며, 기본적으로는 투자 결정과 큰 관련이 없는 것이다. 잡담이란 솔깃하게 빠져들도록 말하는 법을 아는 이들에게서 나오는 수다이자 의견이다. 그리고 그렇게 말하는 법을 아는 이들은 널리고 널렸다. 진지한 투자자의 아주 중요한 임무는 이 압도적인 정보와 의견의 덩어리를 증류해 지식으로 만들고, 그로부터 투자의 의미를 축출해내는 것이다." _ 바튼 빅스

"시장에서는 모두가 같은 것을 보고, 같은 신문을 읽고, 같은 정보를 얻곤 한다. 다른 이들과 다른 결론에 도달하는 유일한 방법은 다른 방법으로 데이터를 조직화하거나 상투적이지 않은 분석 절차 같은 것을 도입하는 것이다. 전에도 종종 말했지만 신문에 나오는 것은 가격에 이미 반영돼 있다."
_ 워런 버핏

지난 30년간 정보처리 능력의 향상에 따라 투자자가 이용할 수 있는 정보의 양은 어마어마하게 증가했다. 초창기에는 다른 사람들이 알 수 없는 자료를 모으는 것 정도가 고작이었으며, 이런 데이터를 수집하기 위해 많은 사람들이 참여했다. 그러나 오늘날에는 다른 사람들이 모르는 데이터라는 것을 찾기가 어려워졌다. 초점이 데이터 수집에서 분석으로 바뀐 것으로, 이는 대단히 중대한 변화다.

나는 많은 데이터, 관점, 의견, 분석 등 다양한 정보를 좋아한다. 그래서 광범위한 정보의 출처로부터 의견을 얻고자 한다. 틀에 박히지 않은, 무언가 다른 의견을 추구하지만, 좋은 생각이 어떤 출처에서 나올지는 알 수 없다. 때문에 나는 다양한 정보의 출처를 원한다. 다양한 정보들을 걸러내고 비교하는 것이 나의 분석 과정의 핵심이다. 만일 어떤 주식에 대해 한 번도 듣지 못해서 투자 기회를 놓쳤다면, 꾸준히 관찰해왔지만 오판하여 투자하지 않은 주식에 대해서보다 더 속이 쓰릴 것이다. 내 정보망이 충분히 넓어서 적어도 관계자 한 명 정도는 귀띔을 해주길, 그래서 대부분의 좋은 투자 정보가 모두 걸려들길 언제나 바란다.

Chapter 13 유용한 정보를 찾아내는 눈을 길러라

   아이디어는 우리 내부의 애널리스트와 내가 접촉하는 외부의 중개업자 양쪽에서 모두 들어온다. 나는 대형 투자 하우스뿐만 아니라 소규모 전문 중개업자도 일부 이용한다. 양자는 각각의 장점과 약점을 가지고 있다.

   내부 애널리스트는 물론이고, 날마다 정보와 의견을 제공하는 외부 출처에서 들어오는 정보야말로 '생명선lifeblood'이라고 생각한다. 이런 정보는 문서화된 어록, 이메일, 음성 메일, 대면 회의, 전화 통화 등 다양한 형태로 들어온다. 나는 가급적 매일 이런 정보를 얻고자 하는데, 하루치 할당량을 다 수집하고 나서야 비로소 업데이트되었다는 느낌을 갖게 된다.

   여기서 관건은 여러분이 어디에 흥미를 가지고 있는지를 아는 것이다. 내게 보내진 정보 가운데 많은 것들은 그저 헤드라인만 읽고 버려진다. 또 나는 많은 이메일을 제목만 종이로 출력해서 보곤 한다. 내겐 컴퓨터 화면에 떠 있는 글보다 문서화된 쪽이 재빨리 소화하여 추려내기가 더 용이하기 때문이다. 어

> **❝ 나는 많은 정보를 원한다. 훌륭한 투자 아이디어가 어디서 나올지 모르기 때문이다. ❞**

떤 리서치가 내 기존 의견을 확인해주는 것일 뿐 재미있는 새로운 사실이나 특징을 담고 있지 않다면, 그건 읽지 않을 것이다.

오늘날 대부분의 리서치는 중요 포인트를 쉽고 빠르게 소화할 수 있는 형태로 가공되어 나온다. 보고서 앞부분에는 보통 두세 단락 정도의 요약이 붙는다. 오랫동안 리포트를 보다 보니 작성자 가운데 다른 사람보다 유용하게 글을 쓰는 사람이 있다는 것을 알게 되었다. 그런 사람들의 리포트를 읽을 때는 보다 많은 시간을 할애하게 된다. 누가 유용한 리포트를 쓰는지 누가 그렇지 않은지 분별하는 식견을 축적하는 데에도 몇 년 동안의 경험이 필요했다.

최근 들어 나는 증시 리서치 같은 리서치 분야나, 대부분의 투자자들은 이용할 수 없는 전문가들의 견해에 관심이 점점 커져가고 있다. 중개업자의 리서치가 갈수록 상품이 되어가고 기업 경영진과 단독미팅을 갖는 기관이 갈수록 늘어나고 있는 상황에서, 새로운 정보의 원천을 찾아내 우리의 경쟁우위를 높이는 일에 대해 나는 지대한 관심을 가지고 있다.

Chapter 13 유용한 정보를 찾아내는 눈을 길러라

우리의 경쟁우위를 노출할 위험이 있어 새로운 정보 원천에 대해 여기서 세세히 기술할 수는 없지만, 모든 훌륭한 투자운용가는 다음과 같이 스스로에게 자문해봐야 한다. 독자적으로 무언가를 알아낼 수 있는 능력이 얼마나 있는가? 경쟁자가 접근할 수 없는 정보의 원천을 어떻게 개발할 수 있는가? 일반적으로 자산운용업은 답변이 부족한 분야는 아니다. 필요한 능력은 '누구에게, 무엇을 질문할지를 아는 것'이다.

Chapter 14

다른 사람의 아이디어를 적극 활용하라

나는 많은 정보원을 원한다.
특히 자신만의 견해와 아이디어가 있는
사람들을 선호한다.

Chapter 14 다른 사람의 아이디어를 적극 활용하라

우리 내부에 큰 리서치 부서가 있는데도 내가 중개업자에게서 상당한 정보를 얻는다는 말을 들으면 사람들은 놀라곤 한다. 내가 이용하는 기관은 40개 정도 된다. 그 목록에는 런던에 있는 대규모 투자은행 대부분이 포함돼 있지만, 상대적으로 규모가 작은 전문 금융기관이나 때에 따라서는 지방 중개업자도 포함되어 있다. 나는 피델리티 애널리스트의 투자 의견을 이처럼 외부 의견과 비교해볼 수 있었으면 한다.

또한 내게 아이디어를 공급해주는 출처가 많았으면 한다. 뿐만 아니라 독자적인 아이디어의 출처를 보유하고 있다는 것은 다른 피델리티 운용자들과 같은 때에 거래에 나설 가능성이 줄어든다는 의미도 있다(다른 이들과 같은 시기에 거래를 하게 되면 종종 대규모 매수·매도의 가능성이 제한될 수 있다).

하지만 피델리티 내부에서도 중개업자의 효용성에 대해서는 다양한 견해가 있으며, 내 동료들 중에는 그들의 투자 의견을 거의 전혀 고려하지 않는 이들도 있다. 그들은 중개회사의 비즈니스 모델이 피델리티가 고객에게 돈을 벌어다

주는 일을 도와주기 위해 만들어진 것이 아니라는 점을 강조한다. 또한 장기 보유자보다는 거래 빈도가 잦을 수밖에 없는 헤지펀드가 중개업자의 고객 명단에서는 일반적으로 훨씬 더 높은 순위에 올라 있으며, 결과적으로 그들이 훨씬 나은 대우를 받을 수도 있다.

나는 영업의 역할이 대단히 중요하다고 생각한다(중개업체에서 내가 가장 자주 접촉하는 부류 가운데 하나가 영업사원이다). 이들은 자기네 회사의 각종 자료들을 걸러내 전달해 주는데, 내 스타일이나 내가 찾는 것이 무엇인지도 잘 알고 있다. 하지만 이들 역시 자신만의 투자 의견과 아이디어를 가지고 있다(나는 회사의 의견을 전달만 하는 영업사원에 대해선 다소 회의적이다. 물론 중개회사의 감사 책임자는 그런 사람들을 더 선호할 것이다). 또한 자기네 회사에서 누가 실력 있는 애널리스트인지에 대한 자기 나름의 의견을 가지고 있다. 나는 보통 그렇게 지목된 애널리스트를 만나길 좋아한다.

2~3년에 한 번씩 담당 분야를 바꾸는 우리 사내 애널리스트에 비해 중개회사의 애널리스트들은 몇 개 회사를 긴 기간 동안 집중적으로 담당한다는 측면에서 강점이 있다(물

Chapter 14 다른 사람의 아이디어를 적극 활용하라

론 그것이 약점이 될 수도 있다). 요즘은 대부분의 중개회사가 애널리스트들이 작성한 문건을 검열하고 있다(중개회사는 애널리스트들이 써서는 안 되는 것들을 잘 알고 있다). 따라서 미묘한 차이를 잡아내고, 그들이 문건에 쓸 수 없었던 것을 찾아내려면 전화 통화와 직접 대면 미팅이 대단히 중요하다.

그밖에 내가 영업담당자에게 요구하는 것은 그들 회사의 고객 대부분이 광범위하게 사용하지는 않지만, 우리의 구미에는 맞는 자원들이 있는지 소개해달라는 것이다. 여기에는 그들 회사의 자체 자산을 운용하는 프랍 트레이더 proprietary trader 등이 포함된다.

그들이 산출해낸 보고서 가운데 나는 일반적으로 영국 기업, 산업 분야, 경제, 전략, 밸류에이션 등에 대한 대부분의 서면 자료와 약간의 전자 자료를 검토한다. 유럽 펀드를 운용하던 때 나는 유럽 국가와 관련된 그들의 리서치 대부분을 챙겨보곤 했다. 또한 글로벌 전략과 관련된 일부분도 검토했으며, 지난 3~4년간은 중국 및 중국 기업에 대한 보고서도 챙겨 봐왔다.

나는 영업담당자에게서 받는 기업 관련 리서치의 80%

가 매수와 관련된 의견인 만큼 매도와 관련된 훌륭한 의견이 있다면 특히 중요시하겠다고 말하고 있다. 영업담당자 대부분은 내 주의를 끌기 위해 인쇄된 보고서에 괜히 메모를 붙여 보내는가 하면 이메일과 음성메일을 뒤죽박죽 섞어 보내곤 한다. 그러면 나는 그들에게 똑같은 주제를 중복해서 보내지 말라고 당부한다. 음성메일과 이메일 어느 쪽이든 괜찮지만 두 개를 같이 보내지는 말라고 말이다.

피델리티에 근무하던 초기에 동료 한 명은 직접 만나보지 않은 사람과는 같이 일하지 않는다고 말했다. 나는 그의 조언을 지금까지 따르고 있다. 첫 미팅이 이뤄지고 난 뒤에도 나는 주요 중개담당자와 적어도 1년에 두 번 정도는 만나려고 한다. 그리고 그들에게 미팅 자리에 나올 때는 아이디어를 가지고 올 것을 요청한다. 갈수록 인간미가 사라져가는 세상에서 전화선 너머에 앉아 있는 사람과 안면을 트고 친분을 쌓을 시간을 가지는 것은 중요한 일이다. 우리가 고객 입장이라고 해도 그렇다. 일부 투자매니저들은 중개업자와의 관계란 일방적인 것이라는 믿음을 가지고 있다. 내가 보기에 그건 그릇된 믿음이다.

Chapter 14 다른 사람의 아이디어를 적극 활용하라

    과거에 나는 알파 플러스^{Alpha Plus} 등과 같은 시스템에 관심이 있었다. 이런 시스템은 중개업자들에게 좀 더 구체적으로 추천하도록 만들고, 그 결과의 성공 여부를 계량적으로 측정하도록 했다. 처음엔 나는 가치를 창출하는 사람과 그렇지 못하는 사람을 구별하는 데 이 시스템이 대단히 도움이 되리라고 생각했다. 하지만 한동안 알파 플러스를 써본 결과 지금은 그때보다 회의적이 되었다. 나는 마샬 웨이스 TOPS 시스템 같은 중개업자 자료 수집 시스템을 신뢰하게 되었다. 이는 정교한 컴퓨터 소프트웨어를 사용하여 포트폴리오를 운용하되 오로지 중개업자와 애널리스트의 예측에만 기반을 두는 것이다.

    나는 중개업자를 활용하고 싶어 하는 내 방식에 비춰봤을 때 알파 플러스가 덜 유용하다는 것을 알게 됐다. 알파 플러스에서 최고의 애널리스트로 꼽힌 사람이 반드시 내게 가장 유용한 의견을 제공하는 사람은 아니었다. 내가 존경하는 한 헤지펀드 매니저가 어느 날 이렇게 말했다. "앤서니, 우리는 중개업자에게 가장 먼저 연락을 받을 필요는 없다네. 우리가 굳이 그들이 어떤 주식을 사고팔았는지 곧바로 알아야 할 필요는 없는 셈이지. 우리가 알아야 할 것은 그들이 확고한 투자 의견과 이를 뒷받침할 만한 이유를 갖고 있는가 하는 점이라네."

처음엔 나는 그가 틀렸다고 생각했지만, 생각하면 할수록 그가 정말 옳았다는 것을 알게 됐다.

Chapter 15

최고의 매매 타이밍을 잡는 법

성공적인 투자 시점을 잡으려면
시장을 지배하는 분위기를 거스를 줄
알아야 한다.

"여러분은 흥겨워 하기로 의견 일치가 된 시장에 너무 높은 대가를 지불한다. 투자를 하는 것은 경제상황이 아니라 투자자 그 자체다. 불확실성은 사실상 장기적 가치투자자의 친구다." _ 워런 버핏

"만약 우리(2007년의 미국)가 경기후퇴기로 들어섰더라도 우린 거기서 빠져나올 것이다. 어쨌든 지난 25년간 우리에겐 단 두 번의 경기후퇴밖에 없었으며, 그것도 다 합쳐봐야 17개월 동안이었다. 장기투자자로서 우리는 95%의 경제성장기를 위한 포트폴리오를 구성하지, 예측 불가능한 5%의 경기후퇴기를 위한 포트폴리오를 만들지는 않는다." _ 빌 밀러

"사람들은 누구나 주식으로 돈을 벌 지력知力을 가지고 있다. 하지만 모두가 그만한 담력을 갖고 있진 않다. 여러분이 패닉에 빠져 모든 것을 팔아버릴 수 있는 사람이라면 주식과 뮤추얼펀드 모두에 손대지 말아야 한다."
_ 피터 린치

"투자에 있어서 가장 대가가 비싼 세 마디는 '이번에는 다를 것'이라는 말이다." _ 존 템플턴

Chapter 15 최고의 매매 타이밍을 잡는 법

시장에 공정가치fair value라는 개념을 적용하기란 개별 기업에 적용하기보다 어려운 게 사실이지만, 개별 주식에 적용할 수 있는 많은 것들을 시장에도 역시 적용할 수 있다.

활황기의 시장이란 우려감의 벽을 타고 오르는 것과 같다. 즉 밑바닥에선 모든 문제점이 알려지고 광범위한 의견일치까지 이뤄졌는데,

> **66 활황기의 시장이란 우려감의 벽을 타고 오르는 것과 같다. 99**

차츰 시장이 회복되어감에 따라 그 문제점들이 투자자의 눈앞에서 조금씩 사라져버리는 것이다.

그 좋은 예가 최근 몇 년간 펼쳐진 담배 관련주의 엄청난 시세분출이다. 이런 기업들은 대단히 보수적이고도 예측 가능한 이익 추이를 나타내고 있었음에도 밸류에이션이 매우 낮게 형성되어 있었다. 투자자가 소송의 가능성을 걱정한데다 대부분의 선진국에서는 흡연이 감소 추세에 있기 때문이다.

2007년 말에 이런 문제들은 모두 잊혀졌다(물론 미국에서 소송과 관련된 상황이 크게 개선됐다는 점을 짚어주는 게 공정하긴 하겠지만). 하지만 흡연이 우리를 죽일 수도 있다는 것

을 투자자들이 기억해낼 때 이런 주식들은 다시 한 번 하락장을 맞을 것이라고 나는 확신한다. 보다 더 장기적인 앞날까지 내다본다면 서구 사회나 심지어 신흥국시장에서조차도 흡연과 관련된 환경이 나빠져갈 가능성이 크다.

> **상승장은 '흠집'을 덮는 반면 하락장은 이를 언제나 드러낸다는 걸 기억하라.**

상승장은 '흠집cracks'을 덮는 반면 하락장은 이를 언제나 드러낸다는 걸 기억하라. 그러나 흠집이 언제나 거기 남아 있다는 사실은 달라지지 않는다. 이는 마치 한쪽 면에서 바라보면 웃는 얼굴이 보이지만 다른 쪽 면에서 보면 심술궂은 얼굴이 보이는 그림과도 같다. 이런 변화는 그림 그 자체에서가 아니라 그걸 바라보는 우리의 시각에서 나온다.

주식시장은 미래를 미리 파는 훌륭한 할인점이다. 이 점을 절대 과소평가해선 안 된다. 시장은 6~12개월가량의 시간을 두고 투자자 전체가 실제 세상에서 일어나리라고 예측하는 대로 움직인다.

> **주식시장은 미래를 미리 파는 훌륭한 할인점이다.**

그러나 내 경험에 따르면 시장의 방향을 예측하기는 대

단히 어려운데다가 일관되게 예측하기는 더더욱 어렵다. 내가 조언하고 싶은 것은 (나 이전에도 많은 이들이 말했듯) 일반적으로 시장을 예측하거나 최고의 타이밍을 잡으려는 노력은 하지 말라는 것이다. 시장이 상승세일 때 낙관주의자가 되고 하락세일 때 비관주의자가 되는 것은 사람들의 일반적 경향이다. 우리를 둘러싼 뉴스의 환경이 그렇기 때문이다.

주가가 꼭짓점까지 치솟았을 때 시장의 미래에 대한 설득력 있는 장밋빛 주장이 만연하며, 반대로 주가가 바닥일 때 비관적 주장이 넘쳐나곤 한다. 또한 우리 대부분은 낙관주의 혹은 비관주의적 편향을 타고 나게 마련이다. 따라서 낙관주의자(타고난 상승론자)는 매도보다는 매수를, 비관주의자(타고난 하락론자)는 매수보다는 매도를 선호하게 된다.

시장에서 성공적으로 매수와 매도의 시점을 선택하려면 시장 일반의 분위기를 거스를 줄 알아야 한다. 그리고 어느 정도까지는 자신의 감정을 다스릴 줄도 알아야 한다. 어떤 추세가 지속되리라는 믿음이 광범위하게 퍼져 있을수록 그렇게 될 확률은 낮아진다. 프로들을 하나의 그룹으로 묶어

봤을 때 시장에서 매수와 매도의 시점을 선택하는 데 상당히 좋지 않은 성적을 내고 있었다(이는 어쩌면 당연한 일이다. 대다수가 정확할 수는 없기 때문이다).

또한 시장은 결국 다수를 틀리게 만드는 방향으로 움직이곤 한다. 한 발짝 더 나아가 나는 투자자들이 시장의 꼭짓점과 바닥을 간파해내기 어렵게 만들기 위해서 이 두 지점에서의 상황이 보다 극단적이거나 이례적이 되었으리라고 믿는다. 누구나 쉽게 알아낼 수 있다면 터닝 포인트는 오지 않을 것이다!

이런 상황에서 자산운용업에 몸담은 시간이 길어질수록 내가 시장에 대한 의견을 피력하는 데 더 많은 준비를 하게 되었다는 점은 재미있다. 비록 그렇게 하는 게 더 바보 같은 짓일지라도.

하지만 나는 항상 내 의견을 말할 때 다음과 같은 말로 시작한다. "이것은 겸허한 내 개인적 견해이다." 그리고 이 생활을 하면서 단지 여섯 번 정도만 시장에 대해 정말로 강력한 전망을 내놨다는 점도 청중 및 독자들에게 되새겨준다.

시점 선택으로 주식투자를 하려는 사람들에게는 많은 강

세장이 생각보다 오래 지속된다는 일반적인 조언을 들려주고 싶다. 또한 강력한 상승장이 상당 기간 지속된 뒤에 새로운 약세장이 진짜로 펼쳐지

> **장기적 트렌드는 상승이며 따라서 낙관적 편향을 갖는 편이 현명하다는 점을 기억하라.**

기 전에는 몇 차례의 가짜 하락 시도가 일어난다는 것(이런 몇 차례의 시도는 상승장에 내재된 모멘텀을 없애기 위해 필요한 것)이다. 장기적 트렌드는 상승이며, 따라서 낙관적 편향을 갖는 편이 현명하다는 점을 기억하라. 상승장에서 몇 차례의 호시절을 놓치고 나면 우리의 수익률은 매우 타격을 받을 것이다.

시장의 바닥과 꼭지

시장은 꼭짓점에서 역逆 V자를 그리기보다는 바닥에서 V자를 그리게 되는 경우가 더 많다(시장이 최후의 추락을 한 뒤 가파른 회복이 이어지면서 새로운 상승 추세가 시작되는 때다). 보통 시장(더욱 흔하게는 특정 주식이나 업종)은 분출형blow-off 꼭짓점을 갖는다. 즉 주가가 급상

승하는 기간을 거쳐 하루 만에 크게 떨어져 내리는 것이다. 이는 보통 경고 신호다.

꼭짓점에서는 더는 좋은 뉴스가 나오지 않는 게 아니라 더욱 좋은 뉴스가 나오지 않는다. 바닥에서는 정확히 그 반대다. 하지만 상승장을 하락장으로 반전시키는 촉매catalyst를 알아내기는 매우 어렵다. 하락장이 상승장으로 반전할 때도 마찬가지다.

내가 경험한 두 번의 하락장에서 중동의 전운으로 인해 시장이 바닥을 쳤던 경우는 예외적이었다. 당시 시장은 이미 상당 기간 하락을 거듭하고 있었고, 대부분의 사람들이 중동전쟁 또는 침략이 발발할 가능성이 매우 높다는 것을 알고 있었다. 이 상황에서 시장은 계속 하락했는데 한 번은 전쟁 발발 직후까지, 또 한 번은 전쟁 발발 바로 직전까지 떨어져 내렸다.

이는 시장에 대한 나의 일반적 관측을 설명해주는 사례다. 즉 개별 주식이나 시장에 긍정적 또는 부정적인 사건이 일어나리라는 추측이 폭넓게 받아들여지고 있을 때, 주가는 사건의 발생이 아니라 사건의 예측 그 자체로 인해 가장 크게 움직인다는 것이다. 하지만 우리는 이런 촉매를 미리 알아볼 수 없는 경우가 더 많다. 갑작스런 사건은 의견을 구체화시켜주지만 서서히 일어나는 변화는 그렇지 않다.

시장의 바닥에서는 불확실하고 걱정스러운 일반적 환경이 펼쳐질 것이다. 나는 때때로 동료들에게 이렇게 말하곤 한다. "여러분이 심연을 들여다보고 있으면 금융 시스템이 곧 붕괴될 것 같고 주식을 다시 사려는 사람이 아무도 없을 것 같지만, 해뜨기 직전이 가장 어두운 법이다. 그리고 바로 이때가 시장이 방향 전환을 하는 때이다. 이때쯤 되면 이미 투자자의 생각 속에 나쁜 뉴스가 모두 스며들었을 것이며, 팔 사람은 이미 다 팔았을 것이다." 시장은 매수자가 나타나서가 아니라 매도자가 매도를 중단하기 때문에 바닥을 치는 것이다.

꼭짓점에서도 비슷한 과정이 나타난다. 투자자의 현금 보유를 주의 깊게 살펴보라. 현금 보유 비중이 높으면 나쁜 뉴스가 이미 다 반영되었을 가능성도 높다. 시장(또는 경제)이 전환점에 도달했다고 기업 측에서 말해주리라고 기대해선 안 된다. 기업은 종종 투자운용자들보다 추세 변화에 둔

감하다.

 꼭짓점에서 종종 실수가 일어나는 때는 주가가 첫 번째로 하락하는 때이다. 이때 애널리스트는 자신이 투자하고 있는 기업 관계자들을 불러들이지만, 사업은 잘 돌아가고 있으며 제품 수요에는 전혀 문제가 없다는 말만 듣게 될 것이다. 이에 따라 투자 의견 '매수'가 더욱 강화될 것이다. 하지만 주식시장은 6~12개월 앞을 내다보고 있다. 만약 주가가 저점 대비 2~3배 뛰었다면, 10% 정도 떨어지는 것은 하락으로 향하는 극히 초기 단계일 뿐이다.

 주식시장은 주기적으로 순환할 뿐이지, 영원히 솟구쳐 오르는 것이 아니라는 점을 명심하라. 오랫동안 이어진 상승장 때문에 내가 조심스런 입장을 취하면 다른 사람들은 투자 환경이 아직도 양호해 보인다고 말한다. 내 경험에 따르면 장기간 상승 추세가 이어졌을 때가 여러분이 가장 경계해야 할 때다. 전망이 여전이 양호해 보인다고 해도 말이다. 문제는 전망이 어떻게 보이느냐가 아니라 주가가 어떻게 될 것 같으냐는 점이다.

> **내 경험에 따르면 장기간 상승 추세가 이어졌을 때가 투자자가 가장 경계해야 할 때다.**

시장 전망을 평가할 때 내가 특히 중점적으로 보는 세 가지와 고려하지 않는 한 가지가 있다.

감안하지 않는 한 가지는 경제 전망이다. 경제 전망은 언제나 꼭짓점에서는 대단히 밝아 보이고 바닥에서는 끔찍하게 어두워 보이게 마련이다. 내 경험으로는 경제 전망은 정확한 시장 타이밍을 잡는 데 도움이 되지 않는다.

내가 챙겨보는 세 가지 가운데 하나는 상승장과 하락장의 역사적 패턴이다. 즉 상승장의 역사적 지속 기간과 상승폭, 하락장의 역사적 지속 기간과 하락폭을 살펴본다. 지속 기간과 등락폭이 역사적 수치에 비해 길고 클 때 추세 전환의 확률이 현저히 커지게 된다.

다음으로는 투자자의 심리와 행태를 나타내는 척도를 챙겨본다. 풋/콜비율$^{\text{put/call ratio}}$, 전문가 그룹의 견해, 상승 종목 수와 하락 종목 수의 차이, 변동성, 뮤추얼펀드의 현금 보유 비중, 헤지펀드의 총(순) 익스포저 등이다. 이런 척도가 극단적인 낙관주의 또는 비관주의로 흐를 때 지표와 반대로 베팅하면 통하게 된다.

마지막으로는 PBR이나 잉여현금흐름 등과 같은 장기적

밸류에이션 지표를 살펴본다. 이런 지표가 정상 범위를 이탈할 때 이 역시 위험 또는 기회의 척도가 될 수 있다.

내 경험에 따르면 이 세 가지 요인이 상호확증을 보일 때 전환점이 가까워졌을 가능성이 높다. 특정한 날짜나 주, 달 등을 콕 집어내진 못해도 어느 분기쯤이 될지는 알아낼 수 있다.

나는 펀드를 운용해오면서 나름의 시장 전망은 갖고 있었지만, 시장 진·출입 시점에 대한 굵직한 전망을 한 적은 거의 없다. 그 이유는 아마 틀렸을 때 포트폴리오 전체의 수익률을 크게 감소시킬 수 있는 굵직한 시장 전망보다는 여러 개별 주식에 대한 전망에 베팅하는 쪽을 더욱 선호하기 때문일 것이다(개별 주식 전망도 틀릴 수 있겠지만, 확률의 법칙상 그쪽이 내게 더 이롭기 때문이다). 그러니까 나의 접근법은 보다 점진주의적인 셈이다.

나는 거시적 전망 아래 포트폴리오의 방향과 매수 및 매도할 주식의 유형을 정한다. 예를 들어 상승장의 성숙 단계에 들어섰다고 생각되면 나는 상대적으로 위험한 주식 및 그간 충분히 수익을 올린 주식 등을 정리하는 가지치기를 시도한다. 그리고 상당 기간 점진적, 지속적으로 그 방향을 향해 나아간 뒤 추세가 바뀌었다는 믿음이 생기면 이 전략을 반대로 뒤집는다.

거시적 요인과 전략을 살펴볼 때 나는 세상에 대한 내 전망으로부터 포트폴리오 정책을 끌어내기보다는 지표들을 뒤집어서 바라보곤 한다. 즉 금리, 인플레이션, 주식 및 채권시장 수익률 등에 대한 여론의 기대치를 살펴본 뒤 나의 전망이 세간의 기대치와 어느 지점에서 달라지는지 자문해본다. 그런 후 내 전망이 다를 때만 투자한다. 이것은 미묘한 차이일지 모르지만 중요한 한 가지라고 믿고 있다.

또한 앞으로 이러저러한 시나리오가 펼쳐질 것이라는 강력한 의견을 가지고 있다면, 나는 이를 검증하기 위해 그런 시나리오가 펼쳐질 때 궁극적으로 내가 보고 싶어 하는 세상의 모습이 어떨지를 생각해본다. 그런 다음 그 모습을 현재로 되돌려 그럴싸하게 보이는지를 검토한다. 종착 지점에서 거슬러 생각하다 보면 어떤 전망이 설득력 있는 것인지를 평가하는 데 도움이 된다. 상승장을 이끌었던 똑같은 섹터가 다음번 상승장을 이끄는 일은 일반적으로 잘 일어나지 않는다. 때문에 나는 1차 상품 및 광업주를 다음번 상승장 기대주에서는 제외하고 있다.

지난 10여 년간 헤지펀드는 중요한 성장세를 보였다. 따라서 시장 전반이건 특정 주식에 대한 것이건 전망의 평균 수명이 단축돼온 게 사실이다. 때문에 몇 달 또는 몇 주를 내다보는 투자자보다는 1~2년의 전망치를 준비하는 프로 투자자의 기회가 더 커졌다고 확신한다.

나뭇가지나 잎에 대한 분석을 하는 사람은 많지만 나무나 숲에 대해 분석하는 사람은 적다. 이는 보다 광범위한 전망을 갖고자 하는 사람들에게 더 큰 기회가 있다는 의미다.

나는 주식투자를 하는 개인투자자들에게 적어도 3년, 가능하면 5년 앞을 내다보라고 강력히 권유한다. 향후 3년간 써야 할 돈은 주식시장에 넣지 마라(정 넣어야겠다면 그에 따른 위험을 정확히 인식하고 있어야 한다).

제레미 그랜덤은 이렇게 말했다. "주식시장은 이익과 배당의 미래흐름이나 GNP(국민총생산) 등에 의해 예측할 수 있는 것보다 훨씬 더 자주 요동친다. 이익 및 배당의 역사적 흐름이나 역사적 GNP 등은 상대적으로 안정적이다.

즉 시장을 움직이는 것은 경제가 아니라 탐욕, 공포, 경력 관리 위험이다. 진정한 위험은 주로 경력 관리 위험 및 사업상의 위험이며, 이 두 가지가 우리 산업을 좌우하고 있다. 경력 관리 위험을 낮추려는 노력(너 혼자서는 절대로 틀리지 마라!)으로부터 쏠림herding, 모멘텀, 그리고 외삽법 extrapolation(과거의 추세를 근거로 미래 변동성을 예측하는 것—옮긴이)이 나오고, 이들이 합쳐져 주가를 왜곡시키는 주요한 요인이 된다."

주식시장의 심장부에는 인간의 두 가지 기본 정서가 놓여 있는데, 바로 공포와 탐욕이다. 이 위에서 투자자들을 삼켜버리는 주기적인 방식이 오랫동안 작동해왔다. 여러분이 이런 요소에서 비켜서 있을 수 있다면, 이런 것들을 알고 적절히 이용하되 거기 휘말리지 않을 수 있다면, 그 실체가 무엇인지를 언제나 알고 있다면, 성공 투자자가 되기 위한 기본을 갖춘 셈이다.

> **주식시장의 심장부에는 인간의 두 가지 기본 정서가 놓여 있는데, 바로 공포와 탐욕이다.**

Chapter 16

투자가 잘 안 될 때 극복하는 법

믿지 않는 다른 무언가를 시도하지 마라.

"대부분의 투자자들은 어제 했어야 할 일을 오늘 하고 싶어 한다."

_ 로런스 H. 섬머즈

펀드매니저가 좋은 실적을 낼 수 있는 최고의 환경은 일을 어떻게 하고 있는지 자기 스스로도 알지 못하는 환경이라고 생각해왔다. 불행하게도 현실은 이와 정반대다. 모든 펀드매니저들은 날마다, 주마다, 달마다 자기가 어떻게 일하고 있는지를 너무 소상히 알게 된다. 일이 제대로 돌아가지 않을 때의 압력은 엄청나다.

따라서 상황을 통제하고 추세를 역전시키는 데 필요한 몇 가지 일반적인 조언을 하고자 한다. 다음은 고려해봐야 할 몇 가지 충고들이다.

- 당신의 견해를 지나치게 고집하지 말되 확신을 완전히 잃어서도 안 된다. 확신의 수준을 50% 정도로 유지하는 게 이상적이다(0%를 확신이 전혀 없는 상태, 100%를 완벽하게 확신하여 전망을 절대 바꾸지 않는 상태라고 볼 때). 확신을 유지하되 유연성을 견지하라.
- 당신이 가진 견해 때문에 스스로를 가두지 마라. (예를 들어 당신이 다시는 광산주를 사지 않을 정도로 당신이 광산주를 싫어한다는 것을 모두가 아는 수준이라면 곤란한

Chapter 16 투자가 잘 안 될 때 극복하는 법

상황이 올 수도 있다.) 항상 스스로에게 출구를 마련해 둬라.

- 무엇이 잘못됐는지 말해주는 다른 사람의 충고를 허심탄회한 마음으로 들어라. 자신이 잘못하고 있는 점이 무엇인지 동료에게 의견을 구하라. 비판을 받아들일 준비가 되어 있어야 한다.
- 타인의 관점에 대해 개방된 자세를 취해야 한다. 여러분이 보유한 주요 주식에 대한 견해와 어긋나는 의견이 있을 경우에 특히 그렇다. 특정 주식에 대해서는 내가 완벽한 전문가이며, 다른 누구의 견해도 고려할 필요가 없다고 생각해서는 안 된다. 그들이 틀리고 내가 옳다고 생각하는 이유가 무엇인지 따져보라. 당신의 투자가 잘못되어 보이는 부분이 무엇인지, 왜 투자가 성공하지 못했는지 알아야 한다.
- 당신의 견해가 컨센서스와 아주 똑같아서 결과적으로 더욱 위험한 것은 아닌지 점검하라.
- 당신의 원칙을 포기하지 마라. 당신이 믿지 않는 다른 무언가를 시도하지 마라.

- 종이 위에 '새로 구성한' 포트폴리오를 적어보라. 그것이 당신이 보유하고 있는 현재의 포트폴리오와 어떻게 다른지 살펴보라.
- 지난 6~12개월 동안 최악의 주식이었던 스무 가지를 뽑아 무엇이 잘못됐는지 솔직히 적어보라. 여기서 얻을 수 있는 교훈은 무엇인가? 어떤 공통분모가 있는가? 당신의 포트폴리오에 닥칠 수 있는 하방 위험에 대해 좀 더 생각해보라.
- 자기 자신의 의지로 하루하루를 보내는지 아니면 사건 등에 수동적으로 휩쓸려 다니는지 점검해보라. 여러분은 언제나 여러분이 선택한 업무나 일에 근무시간을 할당해야 한다.
- 이미 가지고 있는 생각을 점검하는 데서 그치지 않고 새로운 아이디어를 찾는 데 시간을 충분히 할애하고 있는지 확인해보라. 새로운 주식을 거의 편입하지 않는 포트폴리오는 한물간 것이 되어버릴 수 있다.
- 기술적 분석을 시도하여 자신의 견해를 교차 점검하라.
- 여러분의 개별 투자 대상을 검토하는 것은 물론 포트

폴리오 구성도 살펴 이것이 여러분의 확신 수준을 반영하고 있는지 점검하라. 확신도가 가장 높은 투자 대상이 충분히 포함되어 있는가? 포트폴리오에서 비중이 작은 종목들의 특징은 무엇인가? 의도하지 않은 투자가 포함되어 있는지도 검토하라.

- 스스로를 방패막이로 둘러싸지 마라. 상황을 개선하기 위해 손을 쓸 수 있는 일이 아무것도 없다고 생각하는 운명론자가 되지 마라. 동료와 고객으로부터 스스로를 차단하지도 마라.
- 끝으로, 상황이 다시 좋아지고 있어도 안 좋았던 때가 있었다는 점을 잊지 말아야 하며, 당신이 물 위를 걸을 수 있다고 과신해서도 안 된다. 당신은 그럴 수 없고 나도 그렇지 못했다. 아니, 누구도 그럴 수 없다.

Chapter 17

훌륭한 투자자의 열두 가지 조건

기질이 IQ보다 더 중요하다.

"(로이드 조지에겐) 말과 사물의 표피 너머를 들여다보는 뿌리 깊은 원초적 본능이 있었다. 어렴풋하지만 확실하게 벽돌담 너머를 내다보는, 또는 대중보다 들판 두 곳을 앞질러 사냥감을 좇는 통찰력 말이다. 근면, 박식, 학식, 능변, 사회적 영향력, 부, 명성, 질서정연한 정신, 담력 등으로 이에 맞서는 것은 쓸데없는 일이다. 이것은 이튼과 발리올(옥스포드대학 칼리지의 하나-옮긴이) 졸업생들에게 결여된 바로 그 재능이다. 수호 요정이 내려주기를 거부한 단 하나의 축복, 그것 없이는 다른 모든 재능이 지독한 싸구려가 되어버리는 그 하나, 그에게는 '혜안$^{seeing\ eye}$'이 있었다." _ 윈스턴 처칠 다음은 훌륭한 포트폴리오 운용자나 성공하는 투자자가 갖춰야 할 열두 가지 특성이다.

1. 혜안

자산운용업이란 체스와 같다. 최고의 펀드매니저는 경쟁자들보다 몇 수 앞을 내다볼 수 있어야 한다. 그들은 변화의 즉각적 효과뿐만 아니라 2차적 효과까지 이해할 수 있어야 한다.

예를 들어 파운드화에 대한 달러가치 하락이 미국에 수출하는 영국 제조업체에 나쁜 뉴스라는 것은 누구나 알 수 있다. 하지만 영국의 의류 소매업자(제품의 상당수를 달러로 해외에서 수입)나 TV회사(이들이 사들이는 값비싼 블록버스터 영화의 대금은 달러로 지불된다)에 좋은 일이라는 사실은 상대적으로 뚜렷하게 보이지 않는다.

펀드매니저는 다양한 각도에서 생각하는 측면적 사고 Lateral thinking에 능해야 한다. 세상에 대해 다른 각도에서 사고해볼 수 있어야 한다. 그리고 다른 사람들이

❝ 좋은 투자자는 멀리 그리고 넓게 볼 수 있어야 한다. ❞

당연하게 받아들이는 것에 대해 질문할 준비가 되어 있어야 한다. 또한 당장은 선호되지 않지만 미래의 어느 단계에선가는 투자자의 흥미를 불러일으킬 기업 특성을 탐지해낼 수 있어야 한다. 훌륭한 펀드매니저에게는 통찰력이 필요하다.

2. 기질

적합한 기질을 갖는 것은 매우 중요하다. 때로 나는 이것이 IQ보다 더 중요하다고 생각한다. 적당한 지성을 갖추는 것은 두말할 나위 없는 필수 요소지만, 알맞은 기질 없이 최고의 지성만 도드라진다면 쓸모가 없다.

훌륭한 펀드매니저는 침착해야 하며 성공과 실패를 똑같이 취급해야 한다. 예를 들어 그들은 성공한 투자 실적이 머리에서 떠나지 않도록 내버려둬서는 안 된다(또는 몇몇 투자에서 나쁜 실적을 거뒀다고 너무 기죽어서도 안 된다). 감정에 쉽사리 좌우되는 이는 일반적으로 펀드매니저로서는 낙제점이다. 훌륭한 펀드매니저는 겸손해야 하며(겸양이란 대부분의 펀드매니저가 갖추지 못한 특성이다), 기꺼이 실수를 할 수 있어야 한다. 실수야말로 우리 일의 필수불가결한 부분이다.

투자는 확률 게임이며 어느 누구도 항상 잘할 수만은 없다. 훌륭한 펀드매니저는 실수를 다룰 줄 알며 실수에서 배운다. 언제나 열린 마음으로 질문하기를 꺼리지 않는다. 또한 몰두하고 인내할 줄 알아야 한다. 우리 일은 언제나 무자비할 정도의 집중력이 필요하며, 한시도 멈춰 세워지지 않는다. 피로를 호소할 수 없는 중단 없는 레이스다. 다른 일과는 달리 단발성으로 끝나는 프로젝트가 아니라 연속성에 기반을 둔 일이기 때문에 지구력이 중요하다. 투자는 지속적으로 도전에 직면하게 된다. 그런데 이 지적 도전의 과정에서 우리와 같은 일을 하면서, 우리가 어떻게 일하는지를 날마다 지켜볼 수 있는, 지적으로 뛰어난 다른 매니저들과 늘 지략을 겨뤄야 한다. 이는 진을 빼기도 하지만 동시에 우리를 자극하는 일이기도 하다.

3. 체계화 능력

훌륭한 펀드매니저는 체계화의 귀재다. 때때로 정보가 비

Chapter 17 훌륭한 투자자의 열두 가지 조건

체계적 방식으로 전달되는 경우가 많기 때문에, 펀드매니저는 업무와 관련된 규율을 스스로 세워 나가야 한다.

이 업종에는 시작도 끝도 없으며, 특정 기업이나 산업에 대해 모든 것을 다 안다는 것이 절대 불가능하다. 때문에 체계가 꼭 필요하다. 경험이 부족한 펀드매니저들이 체계화에 실패해 허덕이는 경우는 허다하다. 훌륭한 펀드매니저는 업무 일정이 제대로 추진되도록 계획을 세워 근무시간을 활용한다. 그렇지 않으면 현안에 떠밀려 페이스를 잃어버리기 쉽다. 하루의 일정을 현안 해결에 전념하되 온종일 거기에만 매달려 있어서는 안 된다. 또한 조심하지 않으면 온종일 로이터나 블룸버그 스크린에 사로잡혀 TV나 보면서 쓸모없이 시간을 죽이게 될 수도 있다. 투자 관련 업종에 종사하지 않는 지인은 나에게 시장이 어떻게 돌아가느냐고 물었다가 아직 살펴보지 못했다는 내 대답을 들으면 대경실색하곤 한다.

이 업종에 꼭 필요한 것은 정보 소화력이다. 정보는 공식·비공식의 대면 미팅은 물론, 서류, 이메일, 음성메일의 형태로도 주어진다. 여기에 적응하기 위해서는 체계가 필요하다. 나는 특정한 시간을 정해두고 특정 활동을 하고 있다(기차 안에서 문서로 된 리서치를 읽거나 대면 접촉 중간에 또는 택시 안에서 음성메일을 듣는 등). 대부분의 펀드매니저들이 일을 처리하는 과정에 대해 이런 틀을 고안해두고 있다. 한정된 시간에 우선순위를 정하는 일은 필수적이기 때문이다.

4. 분석에 대한 열정

펀드매니저는 일이 어떻게 돌아가고 있는지 알고 싶어 한다. 그저 결론만 알고 싶은 게 아니라 거기에 이르기까지의 과정도 궁금해한다. 어떤 방식으로 결과가 나왔는지에 대해, 예를 들어 전기 스위치에서부터 전구가 밝혀지기까지의 과정은 어떤 것인지, 전구는 어떻게 작동하는지를 알고 싶어 한다.

펀드매니저들은 지적 호기심이 넘친다. 펀드매니저는 항상 질문하고 생각하는 사람이다. 투자에서는 스스로 생각하는 일을 대체할 만한 것이 아무것도 없다. 이를 위해서는 시간을 할애해야 한다. 펀드매니저 대부분을 애널리스트팀으로부터 내부적으로 자체 충원하려는 피델리티의 절차는 잘 돌아가고 있는 편이다. 이를 통해 우리는 훌륭한 애널리스트임을 입증해 보인 사람이 훌륭한 펀드매니저가 된다는 것을 알게 되었다.

나의 선배 한 명은 우리 투자팀에 들어오고 싶어 하는 애널리스트 또는 펀드매니저 후보에게 이런 질문을 하곤 한다. "전 세계에 비닐봉투는 몇 장이나 있는가?" 하지만 그는 답변 그 자체에는 그다지 관심이 없다. 질문에 대해 답을 찾아나가는 과정이나 방법에 더욱 관심을 기울인다. 훌륭한 애널리스트라면 수요 측면(즉 전 세계적으로 쇼핑객의 숫자 및 그들이 이용하는 상점의 숫자, 쇼핑 횟수 등)과 공급 측면(즉 비닐봉투를 만드는 방법 및 만드는 공장의 숫자, 공장당 평균 생산량 등)부터 생각하기 시작할 것이기 때문이다.

5. 디테일에 강한 제너럴리스트

훌륭한 펀드매니저는 주식시장에서 자신이 담당하는 광범위한 기업 및 산업에 대해 합당한 양의 지식을 갖추고 있어야 한다. 각각의 영역마다 폭넓고도 필요한 만큼 깊이 있는 지식이 필요하다. 또한 새로운 주제가 나왔을 때 이를 빨리 따라잡아 단 몇 시간 만에 일반투자자들보다 더 많은 지식을 갖출 수 있는 역량이 있어야 한다.

특정 분야에 특화된 애널리스트가 자기 전문 분야에 대해서만 갖는 지식보다, 아주 소상하게까지는 아니더라도 광범위한 섹터와 기업에 대해 상당한 지식을 갖추고 있다면 도움이 된다.

성공한 펀드매니저를 만나 보면 주식시장과 관련되지 않은 화제에까지 미치는 그들의 광범위한 지식에 깊은 인상을 받게 된다.

6. 승부욕

자산운용업은 가장 경쟁이 치열한 분야 중 하나다. 다른 많은 업종과는 달리 자산운용업에서는 여러분의 실적 하나하나를 날짜 단위, 시간 단위, 심지어 분 단위로 확인할 수 있다. 이와 관련해서 제레미 그랜덤은 이렇게 말했다.

"투자운용업은 가치를 창출하지 못해도 계속 참여하기 위해서는 1년에 어림잡아 1%씩 비용을 내야 하는 게임이다. 우리 전체가 시장이며, 이처럼 비용을 지불해야 하기 때문에 우리는 총체적으로는 손해를 볼 수밖에 없다. 이는 승자가 자기 비용과 수익 모두를 패자에게 짊어지우는 포커 게임과 같다. 2% 차이로 이기려면 해마다 4% 차이로 져 줄 희망자가 있어야 한다. 지수^{indexing}는 적극적 운용자 active manager를 쥐어짜내 결국 지수 스스로 시장의 다수를 대표하게 된다. 그러나 지수로 이탈하는 사람이야말로 최악의 플레이어다. 남은 플레이어의 기준은 지속적으로 높아지게 된다. …… 그러나 우리에겐 다행스럽게도 초보자가 꾸준히 이 게임에 참여한다."

펀드매니저는 이렇게 치열하고 경쟁적인 환경에서 성공을 향해 나아가는 승부욕이 있어야 한다.

7. 유연한 확신

펀드매니저는 자신의 전망에 대해 확신을 가져야 한다. 하지만 이는 소위 '유연한 확신'이어야 한다. 다시 말해 증거가 바뀌면 자신의 견해도 바꿀 수 있어야 한다.

때때로 투자에는 확실성과 불확실성 사이의 간극이 대단히 좁을 때가 있다. 따라서 지나치게 강한 확신은 불리하다. 즉 항상 열린 사고를 갖고 있어야 한다.

어느 정도의 냉소주의는 필요하지만 이것 역시 지나치면 좋지 않다. 지나치게 냉소적인 사람은 매사에 결점을 찾아내기 때문에 절대로 행동하지 않을 것이다. 나는 지나치게 냉소적인 사람은 훌륭한 투자자가 될 수 없다고 생각한다.

훌륭한 펀드매니저에게 과신과 옹고집은 절대 금물이다. 마음을 바꿀 준비가 전혀 되어 있지 않다면 좋은 실적을 낼 수 없다. 예기치 않았던 일들은 늘 일어나며 이것이 투자 근거를 무력화시킬 때면, 오류를 수긍하고 이에 따라 행동할 준비가 되어 있어야 한다.

> **❝ 훌륭한 투자자에게 과신과 옹고집은 절대 금물이다. ❞**

8. 기꺼이 대중과 따로 가기

훌륭한 투자운용자는 '자기의 소신대로 하는 사람their own man'이다. 독창적으로 생각하는 사람은 통념에 지나치게 휘둘리지 않으며, 때로 기꺼이 거기에 도전한다.

가장 중요한 점은 그들은 기꺼이 대중을 거슬러 행동하며, 대중의 행동에 영향을 받지 않는다는 것이다. 대부분의 사람은 대중을 따르는 데서 편안함을 느낀다. 따라서 역발상은 관례라기보다는 예외다. 이런 기질이 타고나는 것인지, 후천적으로 습득되는 것인지 질문을 받을 때가 있다. 후천적으로 습득할 수도 있지만, 타고나는 경우가 많다고 생각한다.

나의 가장 성공한 투자 대부분〔마켓콜(장중 중개업자가 기관투자자에게만 제공하는 정보를 바탕으로 투자하는 것―옮긴이)을 비롯〕은 투자 당시에는 불편하게 느껴지는 것들이었다. 어떤 투자가 '편안'하게 느껴질 때쯤엔 이미 너무 늦은 것이다. 업황 회복 및 턴어라운드 주식의 경우에 특히 그렇다. 케인스는 "평판 관리를 위해서는 남들과 다르게 해서 성공하려는 것보다 남들처럼 했다가 실패하는 편이 더 낫다는 것이 세상 사는 지혜로 전수되는 듯하다"고 말했지만, 훌륭한 투자자는 남의 생각에 신경 쓰지 않는다.

9. 자기 자신을 알기

펀드매니저는 자신을 알아야 한다. 자신의 약점과 강점을 알고 이를 보완해야 한다.

또한 훌륭한 펀드매니저라면 자신의 기질에 걸맞은 스타일과 방법론을 찾아야 한다. 주식시장에서 돈을 버는 방법에는 다양한 접근법이 있다. 포트폴리오 운용자는 개인적으로 자신에게 가장 잘 맞는 방법을 확립하여 거기 몰입할 수 있어야 한다. 하지만 펀드매니저가 이런 접근법에서 저런 접근법으로 방법을 수시로 바꾸는 팔방미인이어야 한다고 생각하지는 않는다.

자산운용업이란 대단히 개인적인 분야다. 가장 훌륭한 최후의 결정을 내려야 할 사람은 자기 자신이다. 훌륭한 펀드매니저는 다수결로 결정되는 것이 아니다.

10. 경험

존 트레인이 말한 '이카루스 신드롬Icarus syndrome(태양 곁에 너무 가까이 가려다 날개가 녹아 추락한 이카루스처럼 젊은이의 과욕이 일을 그르칠 수 있음을 경계하는 말—옮긴이)'을 경계하라. 그는 다음과 같이 말했다. "잠깐 반짝 성과를 낸 열정적인 젊은이를 믿는 것보다 더 위험한 일은 없다. 나는 이를 이카루스 신드롬이라 부른다. 그는 다음번 하락장세 때 비참하게 추락사할 것이다. 어려운 시기를 거치며 단련된 운용자, 관록 있는 노병을 보고 싶다."

경험이란 값진 것이다. 마크 트웨인은 이렇게 말했다. "역사는 되풀이되지 않지만 일정한 운율을 가지고 있다." 시간이 흐르면 똑같은 패턴이 다시 발생한다. 따라서 경제 및 증시 사이클 전체를 경험해보지 못한 사람은 '노련한 투자자'라고 할 수 없다.

오늘 일어난 일을 역사적 맥락 속에 놓고 볼 수 있다는 것은 대단히 유용한 능력이다. 뿐만 아니라 훌륭한 펀드매니저는 늘 배움을 멈추지 않는다. 나 역시 한시도 배움을 중단하지 않았다.

11. 정직

정직은 필수적인 자질이다. 투자자, 기업, 동료에게 정직해야 하고 자기 자신에게 정직한 것도 그만큼 중요하다.

12. 상식

마지막 자질은 너무 뻔한 것이어서 이 목록에 올라간다는 자체가 놀라울 수도 있겠지만, 나는 이것이 대단히 중요하며 때로 과소평가되고 있다고 생각한다. 투자의 세계에서 뭔가 새롭거나 이례적인 것과 마주치면 나는 항상 최초의 원칙으로 되돌아간다. 이것이 사리에 맞는가? 이 질문은 놀라울 정도로 자주 내가 나중에 후회할 일을 하지 않도록 막아주었다.

너무 좋아서 진짜 같지 않은 일은 아마도 진짜가 아닐 수 있다. 기업과의 미팅에서 특정 제품에 대해 왜 이런 수요가 있는지 모르겠다거나, 어떻게 이런 일이 가능한지 모르겠다는 말이 나오면 그것은 경고 신호다. 물론 나처럼 생각하는 사람은 전혀 없는 것 같지만. 예를 들어 누군가 내게 보다 위험도 높고 복잡한 신용 재포장$^{credit\ repackaging}$ 수단인 고정비율부채증권^{CPDO}(2006년부터 선보인 신용파생상품의 일종으로 자금을 조성해 신용부도스왑^{CDS}에 투자하는 상품으로 신용 등급 산정에 오류가 있었음이 드러나 큰 문제가 되었다—옮긴이)에 대해 처음 설명해줬을 때, 나는 이 상품은 말이 되지 않는다고 생각했다. 이를 둘러싼 최근 일련의 사건들을 고려해볼 때 이 증권이 재발행되는 걸 다시 볼 수 있을

Chapter 17 훌륭한 투자자의 열두 가지 조건

지 의문이다.

많은 투자자들이 쉽고 편한 지름길을 찾는다. 하지만 그 무엇도 스스로 사고하는 것을 대체할 수는 없다.

훌륭한 펀드매니저의 학문적 배경은 다양하다. 이 업종에 더욱 적합한 단 하나의 자질은 없으며, 훌륭한 펀드매니저라면 양적·질적 자질을 모두 갖춰야 한다.

기억해야 할 가장 중요한 것 가운데 하나는 성과를 판단할 때 3년 이내의 짧은 기간에 대해서는 행운과 실력을 구별하기 어렵다는 것이다. 뛰어난 펀드매니저라도 확률이 자기 편이 될 때까지는 시간이 필요하다. 어떠한 훌륭한 매니저라도 성과가 부진한 시기를 겪을 수밖에 없다. 내게는 1989년, 1990년, 그리고 1991년 등 3년이 바로 그런 시기였다.

Experiences and reflections from a life running money

PART 2

전설적 투자자의 비밀 노트

Chapter 18

돈을 벌어준 주식, 돈을 잃게 한 주식

Chapter 18 돈을 벌어준 주식, 돈을 잃게 한 주식

나는 규격화된 A4 크기의 노트에 기업 미팅과 관련된 기록을 남긴다(시간이 흐르면 쉽게 분실될 수 있는 종잇장보다는 노트를 선호한다). 1987년 영국 기업들과의 미팅부터 기록을 시작했고, '스페셜 펀드' 운용을 중단하던 무렵엔 52권째 노트를 기록 중이었다(노트 한 권당 기록된 기업이 100개를 조금 밑도는 수준이었다고 보면 5,000번의 기업 미팅을 가진 셈이다). 마찬가지로 '피델리티 유럽 펀드'가 출범한 1985년부터 시작된 유럽 기업들과의 미팅도 기록해나갔고, 이와 관련해서도 37권의 노트가 쌓였다.

외부 세상에서 이런 기록에 대해 큰 흥미를 보이지 않았느냐고 생각할 수도 있겠다. 하지만 오늘날 이 기록을 다시 살펴보면, 일상적이고 소소한 내용으로 가득 차 당시에는 의미가 있었을지라도, 수십 년이 흐른 시점에선 흥미가 떨어진다는 것을 알 수 있다. 이런 기록이란 기업에 대한 온전한 개요라기보다는 당시 우리가 연구했던 모든 정보에 대한 보충 자료 정도로 봐야 한다.

가장 재미있었던 미팅은 투자 초년병 시절 유럽에서의 경험들이다('유럽 펀드'가 만들어지기 전부터도 나는 '유럽 스페

셜 펀드'에 투자하고 있었다). 이번 장에서는 그 가운데 몇 가지를 소개하고자 한다.

기업탐방 사례 1

유럽 기업을 살펴보기 위한 첫 번째 방문지는 1983년 11월 노르웨이였다. 노르웨이는 특별히 내 흥미를 끌어온 것은 물론, 많은 기회를 발견한 곳이기도 하다.

나는 이 첫 번째 탐방에서 두 기업을 방문했다. 중형 제조업체인 노스크 데이터Norsc Data와 노르가스Norgas라는 기업으로 산업용 가스생산업체이며 조영제contrast media(인체에 투약돼 X-레이나 스캔 사진이 보다 선명하게 나오도록 만들어주는 물질) 생산에 특화한 소규모 제약 분야도 포함되어 있었다. 그 이후 이 두 기업은 사뭇 대별되는 운명을 맞았다.

노스크 데이터는 '거품 성장주'였다. 한동안 상당히 좋은 실적을 냈고 유럽 펀드매니저들이 많이 보유하고 있었다. 나중에 경쟁이 격화되어 산업이 성숙기에 접어들면서 추락하기 시작하여, 결국 청산 절차에 들어간 걸로 기억한다.

반면 노르가스의 제약 분야는 나이코메드Nycomed 그룹의 일부가 되었는데, 이는 투자 원금의 몇 배에 이르는 수익을 투자자에게 안겨준 노르웨이의 대형 성공담이 되었다. 이 기업은 1981년과 1984년, 1985년 나의 '스페셜 펀드'에서 가장 많이 보유했던 10대 주식 중 하나였다. 이 기업은 1997년 10월 영국 기업인 아머샴Amersham과 합병했다.

1983년 방문길에 그 지역 대형 보험회사의 최고투자책임자Chief Investment Officer도 만났다. 그에게 노르웨이 기업들에 대해 최고의 리서치를 하는 곳이 어디냐고 물었는데 "오슬로에는 없다"라는 게 그의 대답이었다. 노르웨이 기업에 대한 리서치 전문가가 필요하다면 런던의 그리브슨 그랜트Grieveson Grant(현재는 드레즈너 클라이워트 벤슨Dresdner Kleinwort Benson의 일부가 됨)를 찾으라고 추천해줬다. 그의 말은 당시 유럽의 많은 국가에서 자국 기업에 대한 리서치가 극히 드물었다는 점을 반영하고 있었다.

그는 유머라곤 찾아볼 수 없는 진지한 사람이었다. 나는 다음번 방문에서 그를 다시 만났다. 그는 내게 어떤 기업을 방문하는 길이냐고 물어왔다. 나는 몇몇 기업의 이름을 말했다. 그 가운데는 컴퓨터기기 유통회사도 있었는데, 나는 경영진에게 감명을 받지 못했고 위험이 큰 기업이라고 생각하고 있었다. 이 기업에 대한 그의 견해를 물어봤다. 그는 "그 기업에 대해 언급하기가 대단히 곤란하다"라고 말했다. 왜냐하면 실은 자신이 그 기업의 이사이기 때문이라는 것이었다! 이 미팅에서 오슬로 같은 작은 사회에서는 내 견해를 속으로만 생각하고 있어야 한다는 점을 배우게 됐다.

1984년 10월 에릭슨Ericsson에 대한 첫 방문 이후 나는 이 기업 주식을 살 수도 있었다. 만약 그랬다면 큰돈을 벌었을 것이다. 내가 찾아간 바로 그 사람의 책상 위에 놓인 전화로 나는 약속 연기를 통보받았다. 그 전화기는 그때까지 보아온 중에 가장 구식 기기였다. 시장을 선도하는 통신 회사에서 어떻게 직원들에게 이런 고답적 기계를 쓰게 할까 생각했었다. 그게 에릭슨의 원가절감 방안이라는 점을 눈여겨봤어야 했다.

흥미로운 점은 1980년대 유럽 기업들이 우리를 맞는 태도였다. 그 태도는 불친절이라는 한쪽 극단에서 대단한 환대라는 다른 쪽 극단까지 다양했다. 하지만 대부분의 기업에선 너그럽게 시간과 정보를 제공해주었다. 투자자를 만난다는 것은 당시만 해도 이례적인 일이었다. 누군가 영국에서 그곳까지 날아와 기업의 세부 내용에까지 관심을 보인다는 것은 그들이 기업과 관련된 토론에 기꺼이 시간을 할애할 의향이 있다는 의미였다.

때론 기업들은 외국인 투자자와의 대화를 더 선호했다. 자국 투자자나 중개업자에게 얘기를 늘어놓았다간 정보가 신문지면을 장식할 수도 있기 때문이었다. 나는 몇 번의 미팅에서 알아야 할 것보다 더 많은 얘기를 들을 수 있었다. 우리가 공동 소유주였기 때문에 관리계좌와 예산에 대한 정보를 공유해야 한다고 생각했던 기업도 한두 차례 만났다. 우리가 기업을 방문한 첫 투자자인 경우도 종종 있었다. 1989년 8월에 방문한 스페인 마드리드의 독점 담배회사 타바칼레라Tabacalera도 그런 경우였다.

일부 회사에서는 우리의 방문 동기를 오해하곤 했다. 독일의 한 소규모 부동산회사를 방문했던 기억이 난다. 우리가 도착하자 최고경영자는 30분밖에 시간을 내어줄 수 없으며, 우리가 왜 자기를 만나려고 하는지 이해할 수 없다고 말했다. 20여 분간 질의응답이 오가며 그의 태도가 확연히

변했다. 우리가 기업에 대해 많은 것을 알고 있으며, 더 많은 정보를 얻고 싶어 한다는 것을 최고경영자가 깨닫게 되었던 것이다. 결국 우리는 2시간 30분가량 머물렀고 그는 기꺼이 회사의 부동산 포트폴리오를 설명해줬다. 회사가 보유한 모든 부동산을 자세히 설명하려다 보니 사무실 바닥이 지도와 건물 계획도로 온통 뒤덮였다.

우리의 경험에 따르면 기업 방문의 이유를 설명하고 우리가 회사에 대해 이미 많은 것을 알고 있다는 사실을 경영진이 깨닫게 되면, 그들은 기꺼이 시간을 내어준다는 것이었다.

물론 예외도 있었는데 1988년 5월 덴마크의 AP 몰러Moller에 대한 첫 방문(이것이 마지막 방문이 되었다)이 그랬다. 덴마크 최대 산업 그룹이었던 이 기업은 철저한 비밀 보장하에 가족 경영을 하는 것으로 유명했다. 런던의 한 중개업자가 재무담당이사와 약속을 잡아주었다. 내가 도착하자 이사는 물었다. "뭘 팔려고 오셨죠?" 나는 말했다. "아무것도요. 우리는 이 기업에 투자할까 생각 중인데 기업에 대해 좀 더 알고 싶어요." 그러자 그는 대답했다. "미안합니다만 우리의 정책은 투자자에게는 정보를 공개하지 않는 겁니다." 나는 덴마크와 전 세계적 투자 여건 등을 화제로 30분가량 그와 환담했다. 한두 번쯤 화제를 몰러의 사업 영역으로 돌리고자 했으나, 그때마다 재무담당이사는 내 질문을 피해나갔다. 우리의 방문은 실패였지만, 소득이 아주 없진 않았다. 1992년 이 재무담당이사가 다른 덴마크 기업의 최고경영자로 자리를 옮겼다. 동아시아회사East Asiatic Company라는 곳이었는데, 이후 우리는 몇 차례 미팅을 통해 그의 새 회사에 대해 자세히 논하며 멋진 관계를 정립해 나갔다.

기업탐방 사례 2

초기에 우리를 난처하게 만든 또 다른 문제는 관심사가 다른 회사를 만나는 일이었다. 1985년 3월에 방문한 이탈리아 식품회사는 기업에 대해 논의하기보다는 우리에게 회사 아이스크림을 시식시키는 일에 더 관심이 많았다. 그해 말 방문한 독일 모기지은행은 우리에게 자신들의 사업을 설명하기보다는 유가증권 센터장을 내세워 우리의 투자를 방해하려고 했다.

1986년 12월에는 운 좋게도 주식시장이 외국인 투자자에게 개방된 직후에 포르투갈을 처음 방문할 수 있었다. 우리는 증권거래소를 방문했는데, 그 크기는 응접실만 했고 주가는 하루에 한두 번 바뀌어 게시되는 게 고작이었다. 그때 나는 슈퍼마켓업에 관심을 보이고 있던 소나에^{Sonae} 그룹에 대해 알게 되었고, 첫 외국인 투자자 가운데 하나가 되었다. 이 주식은 곧 10배로 올랐다.

증시 붕괴 몇 개월 전인 1987년 6월에는 헬싱키의 핀란드 그룹 두 곳을 방문했다. 한 곳은 자동차 유통, 담배, 제지 및 엔지니어링산업에 종사하는 아머^{Amer}였다. 그룹에선 하키 스틱도 만들고 있었다. 이후 이 그룹은 스키 관련 기업인 아토믹^{Atomic}과 골프·테니스 관련 회사인 윌슨을 인수함으로써, 스포츠와 관련된 모든 것을 파는 토털 스포츠용품 회사가 됐다.

다른 한 곳은 다종다양한 제품을 제조하는 곳이었다. 그 범위는 종이, 텔레비전, 타이어에서부터 웰링턴 부츠에까지 이르렀다. 내 관심을 끈 곳은 모비라^{Mobira}라는 사업부였는데, 당시 연 매출이 50%씩 늘어나고 있었다. 그러나 이후 몇 년간 이 그룹은 아주 어려운 시간을 보내야 했다. 많은 최고경영자가 짧은 임기 끝에 교체됐고, 그 중 몇 명은 1년도 채우지 못했다. 그 가운데 마지막 경영자는 자살이라는 비극으로 마감했다.

1992년 초 최고경영자로 승진한 재무담당이사가 1993년 3월 우리의 런던 사무실을 찾아왔다. 내가 참석해본 가장 재미있고 흥분되는 미팅이 진행됐고, 회의가 끝나자 나는 많은 주식을 사들였다. 최고경영자의 이름은 요르마 오릴라였고 그 기업은 바로 노키아^{Nokia}였다.

그는 미팅에서 휴대폰 사업부인 모비라를 제외한 모든 사업부를 매각하려 한다고 말했다. 흥미로운 점은 1989년 당시만 해도 그가 우리에게 모비라가 적자를 보고 있으며, 이런 추세가 바로잡힐지 확신할 수 없다고 말했다는 것이다!

하지만 1993년 상황은 완전히 뒤집혔다. 그는 미국 수출이 '놀랄 만한 수준이며, 기업 전망은 대단히 낙관적'이라고 말했다. 그때만 해도 사업부별 이익이 공시되지 않았었다. 때문에 우리는 그때까지 이해할 수 없었던 점을 미팅을 통해 처음으로 알게 되었다. 즉 다른 가전 부문에서의 막대한 손실이 휴대폰 분야의 뛰어난 수익을 가려 덮고 있었던 것이다. 이 이후의 이야기는 역사에 남은 사실대로다.

기업탐방 사례 3

1992년 5월 나는 동료인 콜린 스톤과 함께 TT 티에토^{Tieto}라는 당시의 한 핀란드 기업을 방문했다. 이 기업은 핀란드에서 지배적 위치를 점한 컴퓨터 서비스업체로 법인이나 공기업 IT 부문을 인수해 보다 효율적인 기업으로 바꿔놓는 데 특화돼 있었다.

미팅을 마치고 나오면서 우리는 누가 먼저랄 것도 없이 서로를 향해 '10루타짜리$^{\text{ten bagger}}$(주가 10배 상승이 가능한 종목을 일컫는 피터 린치의 용어)'라고 말했다. 이 기업이 어디든 다른 데서 상장됐더라면, 지속적으로 수입이 들어오는 장비산업의 특성상 훨씬 더 높은 밸류에이션도 정당화됐을 것이라는 게 우리의 결론이었다. 특히 높은 감가상각률과 탄탄한 현금잔고 등 대단히 보수적인 회계처리를 하고

Chapter 18 돈을 벌어준 주식, 돈을 잃게 한 주식

있었기 때문에 더욱 그랬다. 또한 최고경영자인 마티 레티 Matti Lehti는 1980년대 평균 4%였던 이익률이 10%까지 오를 거라고 생각하고 있었다. 미팅이 끝나고 난 뒤 우리는 이 기업에 대한 지분율을 15%까지 끌어올렸다(우리가 취할 수 있는 지분의 최대치였다). 우리의 주가 예측은 맞아떨어졌다.

또한 투자를 막거나 지분을 매도하도록 하여 재앙으로부터 벗어나게 해준 기업 방문도 있었다. 1990년 4월의 독일 철강회사 방문이 그런 예였다. 나는 재무담당이사와 조찬 모임을 갖고 있었는데, 그는 내내 섹트sect라는 이름의 그 지역 포도주를 다량으로 마셔댔다. 그의 행태에 놀라 나는 이 기업에 투자하지 않았다. 아니나 다를까 나중에 이 기업이 난관에 봉착했다는 말을 들을 수 있었다.

또 하나의 사례는 독일 엔지니어링업체인 KHD였는데, 나는 영국 중개업자를 섭외해 그와 함께 그 기업을 방문했다. 그런데 우리가 접견실까지 갔을 때 투자를 검토 중인 투자자는 만나지 않기로 정책을 바꿨다는 말을 듣게 됐다. 중개업자는 대단히 당혹스러워했다. 나 역시 당시에는 떨떠름했다. 그 기업이 흥미로운 투자처가 될 거라고 여기고 있었기 때문이다. 하지만 결과적으로 운 좋게 탈출한 셈이 됐다. 몇 년 뒤 그 기업은 사실상 파산했다.

가장 드라마틱했던 방문 가운데 하나로는 1988년 스페인의 신흥 그룹인 토라스 호스텐츠Torras Hostench의 최고경영자를 만나기 위해 바르셀로나로 간 일을 꼽을 수 있다.

당시 이 그룹은 내 '스페셜 펀드'에서 가장 높은 지분을 차지하고 있는 주식 가운데 하나였다. 이 기업의 매력 포인트 가운데 하나는 당시 스페인에 관심을 가지고 있던 쿠웨이트의 국부펀드인 KIO$^{Kuwait\ Investment\ Office}$가 이 기업에 대해 많은 지분을 보유하고 있었다는 점이다(국부펀드는 최신 현상이 아닌 셈이다). 접견실에서 우리가 처음 만난 사람은 무장한 보디가드였다. 최고경영자와의 만남은 만족스럽지 못했다. 그의 책상 아래 감춰진 전화기로 계속 전화가 걸려와 미팅을 방해했다. 미팅이 끝나고 나서 그는 우리를 점심식사에 초대했다. 우리는 두 명의 보디가드와 함께 그의 차에 올랐는데, 차는 고작 50미터도 안 되는 거리를 달려 가로수가 줄지어 늘어선 대로의 반대편에 멈춰 섰다.

나는 이후 얼마 지나지 않아 그 주식을 팔았다. 짧은 거리를 가는데도 그 많은 보디가드를 대동해야 한다면 그는 아마도 신뢰받지 못하는 뭔가를 감추고 있는 인물일 터였다. 이 기업은 나중에 스페인 최대의 파산 스캔들 가운데 하나가 됐다. 당연히 그 최고경영자는 감옥행을 면치 못했다.

1994년에는 지금껏 보아왔던 기업 가운데 가장 이례적인 한 곳을 방문하게 되었다. NZZ라는 스위스 신문사였는데, 장부상으로는 기업 주식이 대단히 매력적이었다. 주가는 고작 현금흐름의 5배 정도였고, 순자산가치에도 미치지 못했다.

그런데 미팅에서 취리히의 캔톤 주민이면서 자유민주당원인 사람들만이 주주가 될 수 있다는 것을 알게 됐다. 하지만 나는 몇몇 외국인이 이 기업 주식을 산 것을 알고 있었다. 그래서 우리와 만난 이사에게 그들의 주식 보유는 어떻게 된 것이냐고 물었다. 그의 대답은 명쾌했다. 모든 권리는 매도자가 그대로 갖고 있게 된다는 것이었다. "모든 권리요?" 내가 물었다. "네, 모든 권리요! 의결권, 배당, 무상증자까지 말이죠." 그가 말했다. 그의 말대로라면 외국인 투자자들은 사실상 아무것도 아닌 것을 사들인 셈이었다.

취리히로 이주해 자유민주당 원칙에 들어맞는 인물이라는 것을 증명해야 하는데도 주주는 될 수 없다는 설명에 말문이 막혔다. 펀드에 매력적인 주식을 편입하기 위해 많은 일을 할 수 있지만, 이건 좀 과하다 싶었다!

1980년대에서 1990년대 초까지도 스위스는 외국인 주주에 대해 배타적인 태도를 취하고 있었다. 외국인은 고작 무의결 주식 정도를 매수할 수 있었고, 기업에서도 무기명 주식만 할당하곤 했다. 결과적으로 많은 기업들이 외국 기관투자자와의 미팅에 관심이 없었다. 그 사례 중 하나가 당시 내 '유럽 펀드' 편입 종목 가운데 하나였던 여행업체 쿠오니^{Kuoni}였다.

이곳은 매우 제한적인 정보만 제공했고, 운 좋으면 1년에 한 번 정도의 방문을 허용했다. 어느 날 독일 소매업자가 보유하고 있던 대규모 지분이 시장에 나왔다는 뉴스가 보도되었다. 우호적인 대주주라는 방패막이가 사라지자 이 기업의 태도가 돌변했다. 그들은 그간 우리가 투자한 기업들에게는 어떤 정보를 요구했는지, 하물며 미팅을 어떻게 조율하면 좋을지 우리의 조언을 구하기에 이르렀다. 잇달아 많은 재무 정보를 제공했고, 스위스나 영국에서 미팅을 갖자는 데 동의했다(영국에는 장거리 여행에 특화한 쿠오니 지사가 있었다). 그들이 제공한 정보를 살펴보니 영국을 포함한 몇몇 사업부의 실적은 좋았지만, 다른 3~4군데 사업부는 손해를 보고 있어 전체적으로 수익성은 평균 이하였다. 그들은 수익성 개선을 위한 계획을 우리에게 설명했고, 이후 주가는 순항을 계속했다.

의결권에 제한을 둔 스위스 기업 사례는 이례적인 것이 아니다. 유럽 전역에 걸쳐 다양한 주주들이 다양한 권리를 가지고 있을 뿐만 아니라, 다양한 종류의 주식에 의결권 제한을 두는 경우는 여전하다. 예를 들어 이탈리아, 독일, 기타 몇몇 시장에서는 대주주가 보유 주식을 제3자에게 매각하려 할 때 소액주주가 반드시 똑같은 가격을 받을 수 있는 것은 아니다.

나는 1995년 유럽에서의 투자에 대한 연설문에서 다음과 같이 썼다.

"독일은 주주 친화라는 측면에서 볼 때 아직도 유럽 각국 가운데 밑바닥 수준을 면하지 못하고 있다. 현재는 유럽의 국가 중에서 독일의 몇몇 기업만이 유일하게 주주인 우리의 방문을 거절하곤 한다. 그런 기업들로는 베를린의 식료품 소매업체인 오토 라이헬트Otto Reichelt, 건축자재업체 빌러로이앤보흐Villeroy & Boch, 언론사인 악셀 스프링거Axel Springer, 제약회사인 아틀란타Atlanta 등이 있다.

독일의 또 다른 특징은 많은 기업들이 증시에 우선주만 상장해두고 있다는 것이다. 우선주에는 의결권이 없기 때문에 경영진은 아마도 우선주 배당금 미지급의 경우를 제외하고는 외부 주주가 기업에 어떤 영향도 미칠 수 없다는 사실에 더 안도하는 것인지도 모른다.

네덜란드의 구조는 또 다르다. 네덜란드의 일부 기업에서는 감독이사회supervisory board가 경영이사회managing board를 선출하고, 경영이사회가 감독이사회를 선출한다. 완전한 순환 구조로 맞물려 있어 주주들이 영향력을 행사할 수 있는 여지가 거의 없다. 이에 따라 특정 기업이 다른 기업의 대주주인데도 그 기업에 전혀 통제권을 행사할 수 없는 경우가 생기곤 한다. 또한 부당하다고 여겨지는 인수 시도에 대해서는 기업에 보통 3종의 방어장치가 허용된다."

나는 부진한 실적을 내고 있던 한 네덜란드 기업의 이사와 이런 관행에 대해 토론하기도 했다. 내가 "왜 방어장치가 세 가지나 필요하죠? 하나나 둘 정도로 충분하지 않은가요?"라고 물었더니 그는 "세 가지까지 허용되기 때문이에요. 그러니 그 수준으로 갖출 뿐입니다"라고 말했다. 어떤 기업은 네 가지나 갖추고 있더라고 언급했더니, 네 가지의 방어장치를 갖추는 것은 자신도 불합리하다고 생각한다는 것이었다!

그 이후 독일, 스위스, 네덜란드에서의 상황은 개선됐다. 하지만 아직도 몇몇 지중해 연안국의 관행은 유럽 다른 지역에 비해 뒤처지고 있다.

기업탐방 사례 4

특히나 이례적인 방문이었던 두 곳의 기업이 있었는데, 바로 몬테카를로의 소시에테 데 뱅 드 메르Societe des Bains de Mer와 룩셈부르크의 아스트라Astra였다.

소시에테 데 뱅 드 메르는 몬테카를로에 많은 호텔과 카지노, 상점 등은 물론 일부 도로까지 소유하고 있었다. 주식의 대부분은 모나코 왕자의 소유였다. 이 기업은 오랫동안 알려지지 않았고, 그런 탓에 주식은 매우 낮은 가격에 팔리고 있었다. 찾아가는 데 별 어려움이 없는 몬테카를로를 많은 투자자들이 찾지 않는다는 게 나는 언제나 놀라웠다!

아스트라는 스카이방송을 포함한 위성TV방송국을 통해 유럽 전역으로 프로그램을 송출하는 위성 보유 업체다. 나는 그 사무실을 찾아가던 길을 잊을 수 없다. 숲이 우거진 구불구불한 시골길을 차를 몰고 가다 보니 갑자기 나무 위로 원형 돔이 불쑥 솟아올랐다. 프로그램을 지상에서 멀찍이 떨어진 위성에 쏘아 보내는 송신장치였다.

재무담당이사와 가진 초기 토론에서 내가 알게 된 한 가지는 아직도 잊히지 않는다. 그는 위성을 쏘아 올릴 때마다 진정으로 두려움을 느낀다고 했다. 이유를 물었더니 그는 다음과 같이 말했다. "발사 실패를 대비한 보험은 함부로 이용하기에는 너무나 비싸다. 그런데 실패야말로 진정한 위험이었으며, 실패 확률은 6분의 1이나 됐다. 발사가 잘못되면 수백만 프랑이 앉은 자리에서 날아가는 셈이다."

당시 애널리스트들은 기업에 대해 총 발행주식 수 같은 기본적 통계조차도 잘못 알고 있는 경우가 많았다.

나는 1988년 11월 룩셈부르크 소재 철강회사인 아르베드Arbed를 방문했다. 재무담당이사는 매우 도움이 되는 사람이었고, 모든 질문에 성심성의껏 답해주었다. 그와의 미팅을 통해 우리는 애널리스트가 기업이 전환사채를 되사들인 것을 알지 못한 채 희석 주식 수를 과대계상했다는 것을 알게 되었다.

또한 벨기에의 한 철강회사는 자사 지분을 30% 보유하고 있는 것으로 알려졌지만, 실제로는 지사 등을 통해 50% 이상의 지분을 보유하고 있었다. 사실관계를 제대로 알게 되자 결합이익의 고작 4배, 결합현금흐름의 1.5배, 장부가치 대비 50% 이상 할인된 가격에 팔리는 주식을 보유한 셈이 되었다. 이는 유럽 철강기업의 밸류에이션 중에서도 가장 큰 폭으로 할인된 가격이었다. 우리는 이 기업의 주식 보유량을 더 많이 늘렸다.

이 무렵 우리는 유럽 상업방송 주식에 투자해서 큰돈을 벌었다. 우리는 보다 선진화된 영국 시장의 TV에 대한 투자에서 터득한 지식을 상업방송이 아직 걸음마 단계이던 유럽 시장에 적용할 수 있었다. 우리는 프랑스의 TF1, 스페인의 안테나^{Antena} TV 등을 비롯하여 상업방송 지분을 갖고 있는 독일, 네덜란드, 이탈리아, 스웨덴, 노르웨이 기업에 투자해 적잖은 수익을 올렸다. 나라마다 산업의 발전 단계가 다르기 때문에, 앞선 나라의 노하우를 알고 있으면 뒤처져 있는 나라의 사람들보다 한 발짝 앞서 나갈 수 있다. 당시의 매우 특별했던 기회를 아직도 뚜렷이 기억한다.

1996년 4월 나는 헬싱키에서 MTV를 보았다. 이는 당시 핀란드에서 방송되는 유일한 상업방송이었다. 다른 대부분의 유럽 시장에서처럼 핀란드에서도 국영 채널이 방송의 중심이었지만, 흑자 운영을 하지 못하고 있었다. 따라서 유일한 상업방송이란 좋은 투자 기회로 볼 수 있었다. 주식은 상장되어 있지 않았지만 주로 핀란드 기업들이 광범위하게 소유하고 있었고, 주식 거래도 이루어지고 있었다. 정확한 밸류에이션은 기억나지 않지만, 주식은 고작 이익의 4~5배 수준에서 거래되고 있었다.

나는 주식을 살 길이 있는지 타진했다. 그러자 새로이 주주가 되려면 이사진의 승인이 필요하다는 대답만이 돌아왔다. 운 좋게도 당시 이사회 의장이 다름 아닌 노키아 최고경영자 요르마 오릴라였다. 그 무렵 그와 나는 이미 서로를 매우 잘 알고 있는 사이였다. 런던에 돌아와 그에게 전화를 걸어 MTV에 대한 우리의 관심을 털어놨다. 그는 피델리티를 주주로 맞아들일 수 있다면 기쁜 일이라고 화답했다. 나중에 이 기업은 핀란드의 언론 그룹에 인수됐다.

1994년의 방문은 이례적인 이유 때문에 특별한 인상을 남겼다. 이때 방문한 곳은 파리 외곽에 있는 길베르^{Gilbert}라는 회사의 본사였다. 소형 사무용품 판매업체로 그간의 실적도 좋았다. 안내 구역으로 들어서자 길베르의 주가가 표시된 커다란 게시판이 보였다. 이는 당시 미국에선 일반적인 관행이었으며 때때로 영국에서도 볼 수 있었지만, 다른 유럽 국가에서 그런 게시판을 본 것은 처음이었다. 기업이 주가에 매우 관심을 갖고 있다는 점이 인상적이었다. 길베르 본사를 방문한 이후 내가 그 회사 주식을 사들인 것도 그래서였다.

1990년대 말부터는 유럽 기업들이 투자자를 만나기 위해 정기적으로 런던을 방문하기 시작했다. 그리고 미팅의 대부분은 시티에 있는 우리 사무실에서 열리게 됐다. 유럽 전역으로 나아가 떠돌아다니는 것보다는 사무실에 앉아 기업을 맞는 편이 시간 활용 측면에서 훨씬 효율적이긴 했다. 물론 재미라는 측면에서는 예전만 못해진 것도 사실이다.

내가 최초로 영국 기업을 방문한 것은 1970년대 내 첫 직장인 카이저 울만 상업은행에 근무하던 때였다. 대상 기업은 EC 케이시즈^{Cases}라는 웨일즈의 작은 회사로, 냄비나 프라이팬 등 기타 금속 가정용품을 제조하던 곳이었다.

경영진과 만난 뒤 우리에겐 회사 투어의 기회가 주어졌는데, 우리는 건물의 한쪽 끝에 거대한 박스 더미가 쌓여 있는 것을 보았다. 저게 뭐냐고 묻자 반품된 소스 팬이라는 답이 돌아왔다. 반품된 이유를 물어보았더니 손잡이가 제대로 절연되지 않아 팬이 가열되는 동안 손잡이도 팬과 함께 가열된다는 것이었다! 이것은 디자인상의 오류가 분명해 보였다. 우리는 사무실로 돌아오자마자 이 기업의 주식을 모두 매도했다.

내 노트에 기록된 영국 기업과의 첫 번째 미팅은 1987

년 6월 24일 상용차 제조업체인 ERF와의 미팅이었다. 이후 7월 7일에 회장인 머시 독스를 만났다. 이 기업은 리버풀에 조선소를 보유하고 있었으며, 내가 가장 선호하는 투자처 가운데 하나였다. 상업용 부동산이라는 탄탄한 자산을 갖추고 있는 업황 회복주였다. '스페셜 펀드'로 이 주식을 보유하는 동안 주가는 10배로 뛰었다.

더욱 이례적인 기업도 방문했는데, 그 가운데 하나는 영국 기업인 패터슨 조코니스Paterson Zochonis였다. 맨체스터에 기반을 둔 이 기업은 원래 나이지리아에서 활동하는 무역회사였다. 나중에 초점을 제조업으로 옮겼는데 나이지리아에 공장을 둔 것을 비롯하여 태국, 인도네시아, 케냐, 폴란드 등에도 세제, 화장품, 비누, 식용유 등을 만드는 공장을 세웠다. 이 기업은 또한 임페리얼 레더Imperial Leather 비누 등을 만드는 회사인 쿠슨Cussons은 물론, 주식, 채권, 은행예금 등 대량의 투자 포트폴리오를 보유하고 있었다.

이 기업의 주식은 의결권 있는 주식과 의결권 없는 주식 두 종류였는데, 일가족이 의결권 지분의 65%를 행사하고 있었다. 가족 소유 기업이었기 때문에 투자자와의 미팅도 많이 갖지 않았다. 그런데 1994년 5월에 회사의 공식 중개업자가 맨체스터에서 기업 재무담당이사와 만날 기회를 주선해주었다. 대단히 유용한 미팅이었으며, 나는 기업에 대해 많은 것을 알 수 있었다. 당시에는 이 기업 주식을 사지 않았다. 나이지리아 사업의 전망에 대해 우려하고 있었기 때문이었다. 하지만 3년 뒤 그 재무담당이사는 회장과 함께 우리를 만나러 런던으로 왔고, 이 만남 이후 나는 즉시 주식을 사들였다. 주식은 특히 재무상태표상의 현금과 유가증권을 감안해볼 때 대단히 저평가되어 있었다. 이후 2년간 이 기업은 신흥국시장에서 이익이 증가하고, 투자자의 관심이 커지면서 주가는 뜀박질을 했고, 실질적 재평가가 이뤄졌다.

제약회사는 경기후퇴 영향에서 자유로울 수 있기 때문에 일반적으로 안전한 투자처로 인식된다. 그런데 1988년 글락소^{Glaxo}와의 미팅에서 한 이사가 제약업을 "대단히 위험한$^{very\ risky}$ 업종"이라고 언급했을 때 나는 다소 놀랐다(그는 내가 만났던 많은 이사들 중 진실한 편에 속했던 사람 같다).

요점인즉 당시 매출 상위 10위 안에 드는 의약품은 10

년 전에 비해 사뭇 다르다는 것이었다. 잔탁(당시 세계 최대 매출을 올린 처방전 의약품)의 시판으로 눈앞의 미래는 장밋빛일 수 있었다. 하지만 10년 뒤에도 현재의 히트 상품을 대체할 의약품을 개발할 수 있을지에 대해서는 자신 없어 하는 모습을 보였다. 스티버니지(런던 북쪽의 도시―옮긴이)에 있는 기술개발 연구소에 5억 파운드를 쏟아부었음에도 말이다. 20년이 지나는 동안 그의 관측은 틀리지 않은 것으로 나타나고 있다.

기업탐방 사례 5

이제 이번 장을 마치면서, 내가 1990년대 초반에 저질렀던 최대 실수 가운데 두 개의 사례를 소개한다. 이어서 과도한 부채 탓에 어려움을 겪었지만 결국에는 살아남아 현재는 FTSE 100 지수에도 편입돼 있는 한 기업에 대한 성공 투자 사례도 소개하겠다. 세 기업의 사례를 통해 재무 상태와 관련된 교훈을 얻을 수 있을 것이다.

먼저, 실패 사례에 해당하는 기업들부터 시작한다. 1980년대 나는 아질 나디르(회계 부정 및 횡령으로 악명을 떨친 영국 폴리 펙 기업의 사장—옮긴이)가 최초로 상장시킨 웨어웰Wearwell이라는 기업의 사무소를 방문했다. 그는 폴리 펙Polly Peck이라는 작은 쉘 컴퍼니Shell company(자산, 영업 내용 등이 없는 명의뿐인 회사—옮긴이)를 사들이고 있었고, 1980년대 말 나는 그 주식을 사들이기 시작했다. 이는 1987년, 1988년, 1989년 잇달아 내가 보유한 상위 10대 주식 가운데 하나였다. 처음에는 수출 및 북부 사이프러스 과일류 포장 등에 사업의 초점을 맞추다 관심의 범위를 넓혀가, 이후에는 국제 식품 및 선적사업은 물론 전기, 터키의 호텔 등에도 손을 댔다. 마침내 FTSE 100 기업에 속하게 되었다.

1990년 9월 주식의 거래정지가 발생하기까지 경쟁 업체 대비 매우 높은 이익률과 급증하는 부채 등 몇 가지의 경고 신호가 있었다. 그해에 경영진은 MBO(경영자 차입매수 방식—옮긴이)에 나섰지만 성공하지 못했다.

당시 버클리 스퀘어에 있는 그의 깨끗한 사무실에서 앤티크한 러그와 캐비닛에 둘러싸여 오렌지 주스를 홀짝이며 그와 마주앉아 사업에 관한 얘기를 나눴던 기억이 난다. 아질 나디르는 교양 있고 세련되며 대단히 믿을 만한 사람처럼 보였다. 그러나 결국 이 회사의 재무 상태는 감당할 수 없는 수준이 됐고, 회사가 제시한 이익에는 의문부호가 붙었다. 이에 따라 '중대비리조사청Serious Fraud Office'은 이 회사에 대한 전면 조사에 나섰다.

이 시기의 또 다른 실수는 파크필드Parkfield라는 그룹이었다. 인수합병을 통해 이뤄진 이 기업은 주물업, 자동차 알루미늄 휠, 비디오테이프 유통, 영화사 등에 관심이 있었다. 최고경영자는 로저 펠버라는 인물이었다.

이 기업은 잉글랜드 중부의 한 중개업자 소개로 나의 주목을 끌기 시작했다. 펠버를 처음 만난 것도 중개업체에서 마련한 점심식사 자리에서였다. 미팅에서 나는 상당히 좋은 인상을 받았다. 그들은 다양한 지사에 대해 많은 정보를 주었다. 1988년 9월 미팅을 가진 뒤 1989년 2월에 나는 이 기업 주식을 사들이기 시작했다. 1990년대 초 이 기업은 내가 보유한 지분 순위 10위 안에 들었다. 그 무렵 이 기업이 재무적 어려움을 겪고 있다는 보고서가 나왔다. 이 문제를 조사하기 위해서는 좀 더 심도 깊은 미팅이 필요했다. 그래서 우리는 서리(영국 잉글랜드 남부의 카운티―옮긴이)의 헤이즐미어Haslemere에 있는 본사를 방문하기로 했다.

1980년대 초반부터 나는 그 인근에 거주하며 헤이즐미어에서 런던으로 매일 통근하였다. 헤이즐미어에 있는 기업과 미팅한 것은 파크필드가 유일한데, 그런 기업이 차후 청산 절차에 들어간 기업이 되었다는 것은 아이러니한 일이다. 당시 나를 보조해준 사람은 우리의 보스턴 사무소에서 런던으로 파견돼온 매우 유능한 여성이었다. 그녀와 나는 파크필드에서 몇 시간을 보냈다. 재무이사는 기업 재무 상황에 대해 정성을 다해 설명하며 우리를 안심시켰다. 그리고 본사의 분위기도 아무 일 없는 듯 차분하기만 하였기 때문에, 우리는 우리가 봤던 보고서가 잘못된 것이라고 믿으며 런던으로 돌아왔다. 하지만 그로부터 몇 달도 안 되어 주식은 거래정지되었고, 사실상 휴지조각이 되었을 때 나는 믿을 수가 없었다. 그렇게까지 이르게 된 주요 요인 가운데 하나는 비디오테이프 유통 분야를 위한 막대한 운전자본의 조달 때문이었다.

이 에피소드에는 후기도 있다. 몇 년 뒤 우리는 이 지역에서 사무실 이전을 물색 중이었는데, 부동산 중개업자가 우리를 대형 고건물로 데려갔다. 대단히 인상적인 건물이어서 나는 "매도인이 누구입니까?"라고 물어보았다. 그러자 부동산 중개업자는 "펠버 씨입니다. 그를 아세요?"라고 대답하는 것이었다.

폴리 펙과 파커필드는 모두 부실한 재무상태표를 보유하고 있었다. 처음부터 그랬던 것은 아니었겠지만, 나중에는 확실히 그랬다(비록 우리 애널리스트들이 당시에는 알아차리지 못했다고 해도). 바로 이 같은 경험으로, 그리고 우리 포트폴리오에 들어 있던 마운트레이Mountleigh, 독투스Doctus, 배브콕 프리번Babcock Prebon, 멀린 프로퍼티Merlin Properties 등 또 다른 기업이 파산을 겪으며 나는 이후로는 재무상태표가 부실한 기업에 대한 투자는 철저히 감시할 수 있을 때만 하겠다고 다짐했다. 또한 우리는 부채가 과다한 재무상태표를 알아보기 위한 더 나은 방법을 찾아내야 했다.

내게 재무상태표의 중요성을 일깨워준 세 번째 기업은 WPP(영국 광고 및 홍보대행업체—옮긴이)였다.

당시 마틴 소렐이 사치앤사치Saatchi& Saatchi(광고 대행사—옮긴이) 재무이사로 재직하던 시절이었다. 1985년 그는 와이어앤플라스틱 프로덕트Wire & Plastic Product라는 캐쉬 쉘(쉘 컴퍼니처럼 명의만 회사지만, 약간의 현금 관련 및 투자 기능이 더해진 곳—옮긴이)을 사들여 이를 광고 및 미디어업체 합병을 위한 거점으로 활용했다. 관련 자금의 일부는 언아웃 방식earnout(매도자와 매수자가 나중에 이익이 나면 이익을 배분하는 방식)으로 조달됐다. 이와 같은 방법으로 1987년 J. 월터 톰슨J. Walter Thomson 그룹을 5억 6,600만 달러에, 1989년 오길비Ogilvy 그룹을 8억 6,400만 달러에 인수했다. 그 가운데 대부분이 부채로 이뤄진 오길비 그룹에 대한 인수가 차후 문제를 일으켰다.

나는 1980년대 후반 해당 주식을 샀다 팔았다를 반복하고 있었다. 최초의 미팅 기록은 1988년 3월로 되어 있다. 1990년대 초반 경기후퇴가 시작되면서 많은 기업이 미디어 관련 예산을 삭감하자 WPP의 업황도 영향을 받기 시작했다. 특히 1991년 후반에는 4억 5,000만 파운드 수준이던 그룹의 부채가 5억 파운드 이상으로 치솟았다.

1992년 5월 쟁쟁한 은행가들이 몇 명의 대주주와 함께 우리를 찾아왔다. 경영진을 교체하고 1억 파운드 규모의 자본을 새로이 투입하겠다는 제안서를 들고서였다. 나는 당시에 이 기업의 주식을 보유하고 있었지만 내 포트폴리오에서 큰 비중을 차지할 정도는 아니었다. 어떤 식으로건 새로운 자금 조달이 있을 것이라고 예상했기 때문이다. 나는 투자하고픈 마음이 굴뚝같았지만 기업 재무상황의 불확실한 속성과 주요 사업이 미국에서 이뤄지고 있다는 점 때문에 망설이고 있었다. 그래서 우리 보스턴 사무소의 자금 재조달 전문팀에게 자문을 구했다. 그들은 새로운 제안과 경영진을 상세하게 검토한 결과 현상 유지가 최선이라는 결론을 내렸다.

얼마 지나지 않아 WPP 측에서 직접 구조조정 계획을 들고 우리에게 접촉해왔다. 계획에는 전환우선주를 통한 새로운 자본 조달 및 이를 통한 은행 부채의 일부 전환 등의 내용이 포함돼 있었다. 우리는 처음에는 전환 조건이 은행에 너무 유리하게 되어 있다고 생각하여 그날 늦게까지 기업을 설득해 조건을 개정하려고 했다. 불행히도 우리는 성공하지 못했고, 결국 마지못해 그 제안을 받아들였다.

자본 조달이 확정되자 WPP는 훌륭한 업황 회복주 후보가 됐다. 나는 1991년부터 1997년까지 이 기업 주식을 보유했으며, 1993년, 1994년, 1995년에는 나의 10대 최대 보유 주식 가운데 하나가 되었다.

장기간에 걸친 소렐의 유능한 리더십 덕분에 기업 실적은 크게 좋아졌다. 이 주식은 1998년 FTSE 100에 포함됐으며, 마틴 소렐은 그 후 FTSE 100 기업의 최장수 최고경영자 가운데 한 명이 되었다. 대부분의 최고경영자들은 1990년대 초반 WPP에서 이뤄진 것과 같은 자본재조달 과정에서 살아남지 못했다. 하지만 소렐은 예외적인 인물이었다.

Chapter 19

내 생애 최고의 주식, 최악의 주식

나는 '스페셜 펀드'를 운용하던 지난 8년 동안의 성과 기여 수치를 상세하게 작성해왔다. 이번 장에서는 이 기간 동안 나의 '최고의 주식'과 '최악의 주식'을 얘기하고자 한다. 곁들여 그 이전에 내게 '유익했던 주식', '걸림돌이 됐던 주식'도 일부 소개할 것이다. 이런 주식들의 목록은 이 장의 끝에 표로 정리돼 있다.

최고의 주식

2000~2007년 동안의 내 '최고의 주식' 10개 종목은 오토노미Autonomy, ICAP, 갤러허 그룹Gallaher Group, 케른 에너지Cairn Energy, MMO2, 암린Amlin, 밸포어 비티Balfour Beatty, 조지 윔피George Wimpey, BG 그룹, 세이프웨이Safeway다.

'최악의 주식' 10개 종목은 스포팅벳Sportingbet, 랭크 그룹Rank Group, ITV, GCAP 미디어, SMG, 프리미어 푸드Premier Foods, 아이소프트, 쿡슨 그룹Cookson Group, SSL 인터내셔널, 브리티시-보르네오British-Borneo 석유가스다.

이 기간 동안 내 최고의 주식 가운데 하나가 기술-미디어-통신TMT, Technology-Media-Telecom 버블의 선두주자격인 오토노미라는 것은 아이러니다.

나는 우리 회사의 성장펀드 운용자인 콜린 스톤에게 만약 내가 '신경제' 상황에 맞는 주식 하나를 편입하고 싶다면 뭐가 좋겠느냐고 물었다. 그는 오토노미를 추천했다. 그의 포트폴리오에서도 상당히 큰 비중을 차지하고 있는 주식이었다. 내가 가장 잘한 결정은 버블이 완전히 꺼지기 전, 적기에 이 주식을 매도한 것이다.

두 번째로 기여도가 높았던 주식은 ICAP이다.

나는 1980년대 이래 자금 중개업의 추이를 지속적으로 살펴왔으며, 1990년대에는 엑스코Exco, 밀즈앤앨런Mills & Allen 그리고 소규모 중개회사인 트리오Trio 주식을 보유했다. 1998년 10월 마이클 스펜서의 사적 중개운용업체가 엑스코를 성공적으로 역인수reverse takeover(개인 기업이 공개 기업을 인수하는 것—옮긴이)했다. 1999년 9월 인터캐피털Intercapital로 이름을 바꾼 이 그룹은 가번Garban이라는 또 다른 중개업체와 합병했다. 가번의 원 소유주는 밀즈앤앨런(한차례의 합병을 진행한 뒤 유나이티드 비즈니스 미디어

United Business Media로 이름을 바꿨다)이었다.

1998년 11월 미디어산업에 보다 집중하기 위해 유나이티드 비즈니스 미디어는 자금 중개업체를 분리시켜 주주들에게 팔았다. 처음에 주가는 대단히 낮은 수준에서 형성됐다. 나는 이 주식을 적당한 규모만큼 펀드에 편입시켰고, 2001년 이 주식은 최대 보유 종목 가운데 하나가 됐다. 나중에 이 회사는 ICAP로 이름을 바꿨다. 이곳은 전자 중개를 도입한 최초의 업체 가운데 하나였다. 이전에는 중개가 전화로만 이뤄졌다. 이 전략은 어마어마한 성공을 거뒀고, 중개 대상 상품의 범위도 확대됐다. 이 기업은 2006년 FTSE 100에 편입됐다.

최근 10여 년간 담배회사 주가는 크게 재평가돼왔다. 미국에서 규제의 위험이 줄어들었고, 특히 신흥국시장을 상대로 이익이 꾸준한 증가 추세를 보이고 있으며, M&A의 가능성이 상존한다는 점이 투자자들에게 매력적인 요소로 작용해왔다.

갤러허는 언제나 내가 가장 선호하는 담배 주식 가운데 하나였다. 지리적 장점과 M&A 후보로서의 매력 때문이었다. 나는 이 주식을 1990년대 말 최초로 매수했다. 결국 이 기업은 2006년 재팬 토바코Japan Tobacco에 인수되었지만 그 무렵 나는 이미 이익을 실현한 뒤였다.

과거 오랜 기간 동안 디스카운트의 대상이었던 이 업종은 오늘날 다른 이들에게는 프리미엄의 대상이 됐다. 흡연 금지와 관련된 로비가 거세지고 사실상 신흥국시장에서조차 산업의 성장세에 영향을 미치고 있는 만큼, 투자자들은 담배업체를 재평가해 상대적으로 낮은 밸류에이션 수준으로 돌려놓을 것이다.

나는 1990년대 중반 석유탐사업체인 케른 에너지로도 좋은 수익률을 얻었다. 당시 이 회사는 방글라데시를 포함, 여러 장소에서 석유와 가스를 발굴했다. 주가가 최고점에 이른 1997년 주식을 매도한 것은 행운이었다.

이후 이 회사가 발굴한 몇 곳이 기대에 못 미치는 바람에 주가가 다시 하락했기 때문이다. 그러나 2000년 주가가 충분히 싸지자 나는 다시 매집에 나섰다. 이 회사는 친절하게도 1994년 2월부터 2003년 10월 사이의 피델리티 지분율을 보여주는 역사적 데이터를 제공해주었다([그림] 참고).

[그림] 피델리티의 케른 에너지 지분율

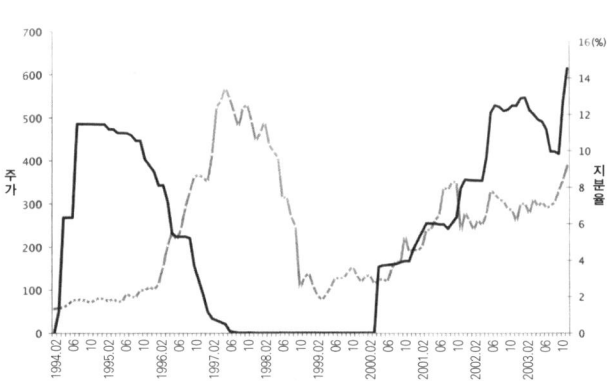

나는 항상 이 회사의 경영진을 높이 평가해왔다. 최고경영자는 현금흐름을 창출할 수 있는 저위험 유정油井과 성공할 경우 주주들에게 큰돈을 안겨줄 고위험 탐사사업 사이에서 적절히 균형을 잡는 매력적인 접근법을 유지해왔다. 후자로는 인도 라자스탄 내륙에 대한 회사 지분을 들 수 있다.

2004년 케른 에너지는 메이저 석유기업인 쉘Shell로부터 이 지역에 대한 지분의 50%를 700만 파운드에 사들였다. 쉘의 이 거래는 메이저 석유기업의 거래 역사상 최악의 결정으로 기록될 것이다. 이후 케른 에너지는 이곳에서 많은 유정을 발굴했다. 오늘날 이 지역의 가치는 30억 파운드에 이른다.

케른 에너지는 이 덕분에 FTSE 100에 편입됐고, 인도 증시에서 인도 지분을 보유하고 있는 소액주주에게 회사 주식을 발행했다. 최고경영자가 최근 내게 한 얘기에 따르면, 케른의 최초 투자자는 원금의 100배가량을 벌어들였다고 한다. 이 정도 수익률을 따라잡을 회사는 거의 없다.

나는 앞서 M&A 관련 장에서 언제든지 대형 통신회사에 인수될 가능성이 있는 기업의 예로 MMO2를 언급했다. 이 회사의 최고경영자가 첫 미팅에서 말한 것이기도 하다. 이는 또한 분사된 회사의 매력이기도 하다.

2001년 11월 MMO2는 BT에서 분사되었고, BT의 모든 주주들이 MMO2의 주식을 받았다. 하지만 MMO2는 작은 기업이었기에 대부분의 BT 주주들에게는 작은 지분이 돌아갔을 것이다. 때문에 이들은 이 주식을 보유하기보다는 팔기로 했다. 이 최초의 매도흐름은 우리에게 매력적인 기회를 제공했다. 대기업 사업부로 시작했다가 분리되어나간 많은 기업들처럼 경영자들은 기업을 운영하고 기업 주식을 보유할 수 있다는 전망에 동기부여되었다. 최고경영자가 매출과 이익을 증가시켜 재무 상태를 개선시킬 수 있다고 말했던 것이 기억난다. 그리고 그는 약속을 온전히 지켜냈다.

펀드에서도 초창기 이 휴대전화 회사는 상당히 선전했다. 당시 셀넷^{Cellnet}이란 이름의 기업이 보유하고 있던 소액 지분은 두 곳의 상장 자매회사가 갖게 되었는데, 시큐리티 서비스와 시큐리코^{Securicor}였다. 이후에 1999년 BT로 넘어갔다. 나는 이 두 곳의 자매회사에 대해서도 상당한 매력을 느꼈는데, 셀넷 지분 가치가 이들의 주가에 충분히 반영되지 않았다고 생각했기 때문이었다. 결과적으로 1991년, 1993년, 1994년, 1995년, 1996년 '스페셜 펀드'에서 이 두 기업은 가장 큰 비중을 차지했다. 또한 당시 펀드 실적에 가장 큰 기여를 하기도 했다.

내 펀드에서 이처럼 정기적으로 최대 비중을 차지했던 기업은 거의 없다. 이 기업에서 수익을 올리지 못한 유일한 때는 BT가 해당 사업을 보유했던 때뿐이다. 나는 BT가 이들을 팔아버린 것은 전략적 실수라고 생각한다(물론 부채의 압박 때문에 선택의 여지가 없기는 했지만 말이다).

영국 재보험사인 로이드보험의 계열사인 암린은 가장 성공을 거둔 보험회사 중 하나였다. 나는 1990년대 말 로이드의 자본 확충을 목적으로 관련 회사들이 일제히 상장에 나섰을 때, 이 분야에 관심을 갖게 됐다.

처음에는 많은 회사들이 서로 다른 관리 에이전트가 운영하는 신디케이트syndicate(거액의 유가증권 인수 시에 결성되는 일시적 조직으로서의 금융업자의 인수단체)에 투자했다. 하지만 시간이 흐름에 따라 이들 가운데 대부분이 관리 에이전트를 고용해 자신들의 보험인수 능력을 에이전시가 관리하는 보험인수 능력에 일치시켰다. 이런 기구가 출현하면서 로이드의 시장에 자금을 조달하는 방법도 변화했다. 현재 로이드의 보험인수 능력의 대부분은 그간 모든 자본을 조달하다시피 해왔던 개인 보험업자가 아니라 이런 기구 및 기타 법인 멤버가 보유하고 있다.

로이드에 장기간 투자한 경험을 되돌아보면 내 실적은 들쭉날쭉했다는 점을 인정해야겠다. 초창기부터(첫 투자는

1995년에 이뤄졌다) 나는 여러 보험회사에 투자했다. 밖에서 봤을 때는 뛰어난 실적을 올리는 곳과 그렇지 못한 곳을 판별하기가 어려웠기 때문이다.

그 과정에서 가쇼크^{Goshawk}, SUV, 콕스 인슈어런스$^{Cox\ Insurance}$ 등 내가 보유한 많은 주식들이 어려움을 겪었다. 또한 2001년 미국에 대한 공격이나 2005년 허리케인 등의 재앙이 일어났을 때 주가는 즉시 이를 반영해 큰 폭으로 떨어져 내렸다. 이런 재앙이 나중에는 보험의 계약조건 설정에 보다 좋은 영향을 미치기도 했지만, 당장에는 더 많은 자본 확충이 필요해졌다.

로이드는 그 운영방식에 있어 아직도 많은 변화가 필요하다고 생각된다. 오늘날에는 자본이 훨씬 자유롭게 움직이며, 보험인수 조건이 우호적이기만 하면 새로운 자본이 신속히 시장에 진입할 수 있다.

나는 1997년 9월 앙거슈타인 언더라이팅$^{Angersteig\ Underwriting}$의 재무담당이사였던 찰스 필립스를 만났다. 미팅 직후 그는 암린의 최고경영자가 되었고, 버뮤다에서 보험 영업을 시작하면서 회사를 로이드의 리더 가운데 하나로 만들었다. 미래의 손해에 대해 보다 낮은 보험금을 책정하려는 유혹에 빠지기 쉬운 보험업계에서 암린은 항상 분별력과 훌륭한 보험인수 관행의 표본이 되었다. 이 회사 주식의 장기 실적은 뛰어났다.

최악의 주식

내 최악의 주식은 스포팅벳이었다.

스포팅벳과 파티게이밍PartyGaming 같은 회사가 왜 망했는지에 대해서는 다양한 의견이 있다. 미국에서 온라인 베팅의 적법성을 둘러싼 시비가 불거지고 있던 때였기 때문에, 나는 평균 수준 이상의 위험도를 지닌 기업에 투자 중이라는 것은 알고 있었다. 그러니까 우리는 많은 법률 전문가들의 얘기를 들었고 사건이 터지기 전엔 그들 모두가 미국에서 벌어진 결과가 실제로 일어날 확률은 매우 낮다는 데 입을 모았다. 그러나 예상과 달리 인터넷 도박에 대한 지불을 금지하는 법이 결국 통과되고 말았다.

우리에게 자문해준 이들이 모조리 틀렸다는 점에서 나

는 크게 당황했지만, 위험한 주식을 살 때는 최악의 가능성도 염두에 두어야 한다는 것을 알게 되었다. 나는 미국에서 온라인 도박이 결국 합법화되리라고 확신한다. 그렇게 되면 미국 도박업체가 업계를 지배하게 될 것이며, 영국 경쟁사를 손쉽게 초토화할 수 있을 것이다.

내가 보기에 랭크 그룹은 지난 몇 년간 레저와 관련된 폭넓은 목표 아래 지나치게 광범위한 영역에 손을 대온 결과, 실적 부진을 면치 못했다.

하지만 최근엔 이 기업이 영국 도박 규제 철폐의 최대 수혜주 가운데 하나라는 생각이 든다. 회사는 빙고 홀을 운영하고 있으며, 영국 최대 카지노 사업장 가운데 하나를 보유하고 있다(나는 현금창출 능력 때문에 늘 카지노사업을 선호했다). 그러나 나는 정부가 도박 규제 철폐와 관련된 정책에서 얼마나 큰 유턴을 할 것인지와 빙고 홀에서의 흡연 금지는 우리가 처음 생각했던 것 이상으로 업계에 훨씬 더 악영향을 끼치리라는 점 등을 너무 늦게 깨달았다.

우리가 이 주식을 보유하고 있었던 또 다른 이유는 새로운 최고경영자 이안 버크가 매우 인상적이었고, 기업이 인수합병의 표적이 되기에 안성맞춤이었기 때문이다.

나는 오랫동안 영국 방송 관련 기업의 팬이었다. 1986년부터 TMT 붐이 주가를 꼭짓점까지 끌어올린 1999년까지 내 펀드에는 항상 TV 관련 기업 주식이 포함돼 있었다. 1991년부터 1999년까지 나는 캐피털 라디오Capital Radio를 보유해왔다.

일반적으로 이런 주식들의 실적은 대단히 좋았다. 비록 최근 10년간 기술 변화와 경쟁 과열의 영향을 받게 되었지만, 나는 제대로 운영되기만 하면 이 분야의 독점적 사업력은 여전히 매력적이라는 관점을 유지하고 있다.

하지만 최근 몇 년간 몇몇 미디어 관련 주식에 대한 내 낙관론이 다소 지나쳤던 것도 사실이다. 특히 ITV, GCAP, SMG 등이 그랬다.

2008년까지 스코티시Scottish TV와 버진Virgin 라디오를 소유하고 있었던 SMG에는 부실한 재무상태표와 나쁜 경영 실적이라는 문제점까지 더해졌다.

나는 종종 자문하곤 했다. 피델리티가 경영진 교체에 밀접하게 연관됐던(그래서 내가 '조용한 암살자'라는 무시무시한

별명을 얻었던) 기간 동안 내가 ITV(영국 지상파 채널)에 지나치게 가까워진 것은 아닌가? 아마도 그랬을 것이다. 그렇다고 그것이 2006년 BSkyB(영국의 위성방송 최대 사업자—옮긴이)가 ITV 지분을 사들이던 기간 동안 내가 가진 모든 ITV 주식을 팔아 치운 결정을 막진 못했다.

2006년은 2004년, 2005년에 잇달아 좋지 못한 실적을 내던 주식이 내가 보유한 가장 좋은 실적주 가운데 하나가 된 해였다. 나는 BSkyB에 넘긴 주식 가운데 절반가량을 다시 사들였는데, 2007년 이는 다시 실적 불량주의 하나가 되었다.

비록 미디어 환경이 세분화되고 있긴 하지만, 나는 여전히 광고주 앞에 최대의 청중을 모아줄 수 있는 TV 채널은 매력적이라고 생각한다. 문제는 오랜 기간 동안 이어져온 질 나쁜 경영과 개선의 여지가 큰 프로그램 제작이다.

또한 지금과 같은 훌륭한 경영진이 있다면(물론 마이클 그레이드 경을 선임하는 데 우리가 개입한 것은 아니지만) 회사가 훨씬 나아질 수 있으리라고 여전히 믿는다. 물론 계약권리갱신제도CRR, contract rights renewal(ITV가 TV광고시장에서 지

Chapter 19 내 생애 최고의 주식, 최악의 주식

배적 위치를 남용하지 않도록 시청률 하락폭만큼 광고주의 광고비를 내릴 수 있게 한 조항—옮긴이)를 변경하거나 철폐할 수 있게 된다면 말이다.

최근 잘못 선택한 주식들 가운데서도 가장 큰 실망을 안겨준 것이 GCAP이다. 나는 온라인 세상에서도 라디오의 밝은 미래를 확신하는 사람이다. 청취자의 수 역시 TV와는 달리 줄어들지 않고 있다. 나는 케이트 해슬럿이 상장된 그룹을 운영할 기회를 갖지 못하게 된 점에 대해 유감으로 생각한다. 그녀는 최근의 열악한 기업 재무성과를 역전시킬 수 있는 비전과 카리스마를 갖춘 인물이라고 생각하기 때문이다.

프리미어 푸드Premier Foods는 2006년 12월 RHM 인수로 인해 많은 부채에 시달리게 됐다.

2004년 7월의 최초 자본 조달 이래로 나는 항상 이 회사 경영진이 해온 일들에 깊은 인상을 받아왔다. 당장은 정체 국면이지만 머지않아 식료품 가격 인플레이션이 수익성에 긍정적인 영향을 끼치리라고 믿었다. 하지만 오랫동안 친분이 있던 한 중개인이 2007년 내게 높은 부채비율을 이유

로 주식을 매각하라고 간곡히 말했을 때, 그의 말을 들었어야 했다. 또한 부실한 재무상태표를 가진 기업을 조심한다는 스스로의 원칙도 거스르지 말았어야 했다.

아이소프트Isoft는 처음엔 제법 매력적인 주식이었다. 영국의 작은 소프트웨어회사였지만 업계의 거인들과 경쟁하여 영국 및 전 세계적으로 가장 규모가 큰 IT 관련 계약의 일부를 따냈다. 설득력 있는 최고경영자와 소프트웨어 수입에 대한 일부 공격적인 회계처리(우리는 처음엔 이를 알아차리지 못했다)로 기업 주가는 한동안 괜찮은 흐름을 보였다. 나는 아이소프트가 장기적으로 봤을 때 소프트웨어업계의 유명 대기업에 인수되리라는 기대를 항상 품어왔다.

그러나 악화된 재무상태표와 소프트웨어 개발 프로그램의 지연 탓에 어쩔 수 없이 매물로 나왔다. 당연히 매각 가격은 초기 주가에 비하면 초라한 수준이었다.

나를 괴롭힌 이런 주식들뿐만 아니라 광업주(특히 엑스트라타Xstrata, BHB 빌리톤Billiton, 앵글로 아메리칸Anglo American 등)를 충분히 보유하지 않았다는 점도 내 실적에 상당한 영향을 미쳤다. 나는 자원 관련주는 그다지 선호하지 않는 경향이 있었다. 기업 실적을 좌우하는 큰 요인이 자원과 관련된 상품Commodity의 성패라고 보기 때문이다.

우리는 일반적으로 상품 가격 예측에는 그다지 경쟁우위가 없다는 점을 여러 차례 얘기해왔다. 그러니 우리가 가진 바텀업(시장상황보다는 개별 종목에 집중하는 투자 및 분석 방식—옮긴이) 분석을 통해 비교우위를 발휘할 수 있는 기업에 투자해오고 있다.

최근 몇 년 동안은 레그메이슨의 빌 밀러 같은 이의 관점도 내게 영향을 미쳤다. 그에 따르면 모든 상품 가격은 장기적으로 한계생산비용에 수렴하게 될 것이라고 했다. 이는 이 글을 쓰는 시점의 가격 대비 한참 낮은 수준이다. 상품 가격은 최근 상당 기간 상승을 거듭해왔고 비록 인플레이션 위험이 발생한다고 해도 나는 수요가 반드시 늘어날 것이라고는 생각하지 않는다. 사실 이는 서구의 경기침체와 2008년 올림픽을 개최한 중국의 상품 독식으로 악화되고 있었다. 상품 수요는 소비 지출보다 인프라infrastructure 지출의 영향을 받는 경우가 흔하며, 인프라에 대한 지출은 특히 신용경색에 민감하게 반응한다.

하지만 내가 보다 매력을 느끼는 상품도 있는데, 바로 플래티늄Platinum이다. 나는 최근 론호Lonrho, 임팔라 플래티늄Impala Platinum, 어쿼리어스 플래티늄Aquarius Platinum 등을 보유해왔다. 플래티늄 시장에서는 소수의 공급자가 공급을 좌우하며 다른 상품시장에서 거의 볼 수 없는 시장 영향력을 행사한다.

나는 브리티시 랜드British Land 주식으로 상당한 재미를 봤으며, 회사 관계자도 많이 만났다. 최근에는 유능한 최고경영자 스테판 헤스터와 미팅을 가졌다. 펀드운용 초창기인 1981년은 물론 그로부터 24년이 지난 2005년에도 내가 가장 많이 보유한 주식 목록에 이름을 올리고 있는 것은 이 회사가 유일하다.

UK리츠REITS(부동산투자신탁)가 나오기 전까지 나는 영국의 이 대형 부동산회사에 투자해 몇 년 동안 좋은 실적을 냈다. 주식시장의 관점에서는 이런 여행을 하고 있을 때가 도착할 때보다 좋을 수 있지만 나는 2006년 말까지 내 지분을 상당히 감축했다. 그리고 주가가 충분히 떨어지고 난 뒤 내가 펀드운용을 그만두기 직전인 2007년 말까지 다시 브리티시 랜드의 지분을 사들였다. 또 한 번 훌륭한 매수 시점을 잡은 것인지, 아니면 내가 너무 일찍 진입한 것인지 흥미롭게 지켜보고자 한다.

마지막으로 또 다른 성공 사례 두 가지, 스탠더드 차터드 Standard Chartered은행과 이디앤에프만ED&F Man에 대해 언급하고자 한다.

스탠더드 차터드은행은 2004년, 2005년, 2006년뿐만 아니라 2007년 일부 기간 동안 내가 가장 많이 보유한 10대 주식 가운데 하나였다. 특히 아시아와 같은 수익성 높은 시장에 노출돼 있다는 점과 훌륭한 경영진이 이 기업의 매력이었다. 장기적으로는 독보적인 자산 구성 때문에 보다 큰 은행에게는 매력적 인수 대상이 될 것이고, 단기적으로는 영국 상장회사를 통해 급속히 성장하는 아시아와 아프리카 시장에 노출될 수 있다는 점에서 혜택을 볼 수 있다고 생각했다.

1995년 이디앤에프만이 상장된 지 얼마 지나지 않아 나는 최초로 이 주식을 사들였다. 1997년, 1998년, 1999년에는 나의 최대 보유 주식 가운데 하나가 되었다.

처음 상장됐을 때 이 회사는 상품 관련 거래, 조달, 처리가 주 업종이었고, 소규모의 금융 분야를 거느리고 있었다. 회사의 밸류에이션은 대단히 낮았다. 이후 오랫동안 경영진은 사업 구성을 변화시켰다. 2000년까지 대부분의 상품 관련 사업을 매각하고 금융 서비스 분야를 확대했다. 헤지펀드를 운용하는 투자운용사의 지분도 사들였다. 회사가 직접 헤지펀드 및 기타 펀드를 운용하기도 했다. 그 가운데는 엄청난 성공을 거둔 퀀트 투자 펀드인 AHL도 포함돼 있다.

지금의 맨 인베스트먼트Man Investments는 대체투자 분야의 글로벌 리더다. 이 전략의 성공으로 기업 주가가 재평가됐고 지금까지 몇 년 동안 FTSE 100지수에 편입돼왔다. 초창기에 나는 이 기업으로 상당히 괜찮은 실적을 올렸지만, 아쉽게도 너무 일찍 팔아버렸다. AHL의 성과치가 지속될 수 있을지에 대한 우려 때문이었다. 결과적으로 부정확한 우려였던 셈이다.

Chapter 19 내 생애 최고의 주식, 최악의 주식

[표] 종목별 수익률 기여도(2000~2007년)

연도	최고의 주식	최악의 주식
2000	오토노미 셀테크 리드 인터내셔널 세이프웨이 존슨 매티 엘리스앤에버라드 뱅크 오브 아일랜드 웸블리 아일랜드 그룹	머런트 브리티시-보르네오 석유 이노디스 컴펠 스코티아 홀딩즈 앨버트 피셔 쿡스 그룹
2001	ICAP 런던 증권거래소 아카디아 인치케이프 밸포어 비티 세이프 웨이 조지 윔피 드 비어스 갤러허 카릴리온	레일트랙 칼튼 커뮤니케이션즈 아이스랜드 그룹 노바 이노디스 엘리멘티스 4 임프린트 그룹 SVB 홀딩즈 브리티시 에어웨이즈 레어드 그룹
2002	크레디 리오네 하모니 골드 갤러허 그룹	브리티시 에너지 케이블앤와이어리스 SSL 인터내셔널

	암린	빅 푸드 그룹
	엔터프라이즈 오일	벌머 HP
	MMO2	카디즈
	뱅크 오브 아일랜드	로열앤선 얼라이언스
	SOCO 인터내셔널	칼튼 커뮤니케이션
	조지 웜피	옥스퍼드 글리코사이언스
	킬른	쿡슨 그룹
2003	케이블앤와이어리스	가쇼크 인슈어런스
	빅 푸드 그룹	SOCO 인터내셔널
	WS 애트킨스	털로 오일
	NTL	킬른
	칼튼 커뮤니케이션즈	히스콕스
	윌리엄 힐	웰링턴 U/W
	MMO2	매니지먼트 컨설턴시
	마더케어	비즐리 그룹
	서머필드	드라뤼
	바디샵	테논
2004	케른 에너지	ITV
	MMO2	랭크 그룹
	셀테크	프로테옴 사이언스
	런던증권거래소	BG 그룹
	칼튼 커뮤니케이션즈	빅 푸드 그룹
	퍼스트 캘거리 석유	어쿼리어스 플래티넘
	펜드래곤	로열앤선 얼라이언스
	얼라이드 아이라쉬 뱅크	로이터

	오르클라	샤이어
	랜드 시큐리티스	NTL
2005	케른 에너지	GCAP 미디어
	BG 그룹	ITV
	스타토일	윌리엄 힐
	암린	마르코니 그룹
	브리티시 에너지	런던증권거래소
	로슈	NTL
	스탠다드 차타드	프로비던트 파이낸셜
	C&C 그룹	SMG
	P&O 네들로이드	미네르바
	SOCO 인터내셔널	아시아 에너지
2006	ITV	스포팅벳
	마이크로포커스	아이소프트
	브리티시 랜드	랭크 그룹
	미컴	GCAP 미디어
	엑스프로 인터내셔널	BSkyB
	샤이어	리드 엘스비어
	BG 그룹	하이랜드 골드
	암린	888 홀딩즈
	아스트라 제네카	SMG
	브리티시 에너지	아시아 에너지
2007	바이엘	프리미어 푸드
	BG 그룹	랭크 그룹
	엘렉트리시테 드 프랑스	GCAP 미디어

	노키아	프리미어 파넬
	로이터	SMG
	J. 세인즈버리	BP
	리드 엘스바이어	브리티시 랜드
	산사	존슨서비스 그룹
	스타토일 하이드로	에리나시우스 그룹
	보다폰	ITV
2000~2007	오토노미	스포팅벳
	ICAP	랭크 그룹
	갤러허 그룹	ITV
	케른 에너지	GCAP 미디어
	MMO2	SMG
	암린	프리미어 푸드
	밸포 비티	아이소프트
	조지 웜피	쿡슨 그룹
	BG 그룹	SSL 인터내셔널
	세이프웨이	브리티시-보르네오 석유가스

Chapter 20

투자 세계의 어제와 오늘

1971년 내가 뛰어들 당시 런던의 시티는 오늘날의 시티와 완연히 다른 곳이었다. 1970년대의 시티는 상대적으로 짧은 근무시간(적어도 오늘날의 장시간 근무와 비교할 때)과 흔히 술이 곁들여지던 점심식사 등으로 요약할 수 있는 장소였다. 무엇을 알고 있는가 못지않게 누구를 알고 있는가가 중요했다. 능력보다는 연줄에 따라 일거리가 주어지곤 했다. 사람들은 구두에 레이스가 달렸는지, 와이셔츠 칼라가 빳빳한지, 탈부착 가능한 것인지 등에 더욱 신경 썼다.

회원이 아닌데도 증권거래소 객장에 들어왔다가 붙잡히면 대중 앞에서 바지를 벗기는 벌이 행해졌다(여성의 회원가입이 허용되기 전의 일이다). 1970년대 초반 한 중개업자 친구가 나를 거래소 객장에 데리고 들어가는 불법을 저지르기도 했지만, 다행히도 발각되지 않았다. 1971년 입사한 첫 직장 카이저 울만에서는 처음 몇 주 동안 시티를 돌며 직접 우편물을 전해주는 배달부 노릇을 했다. 이 일은 나에게 중요한 건물들의 위치를 파악할 수 있는 좋은 기회라고 생각했다(그렇지만 그 일은 그렇게 큰 도움이 되진 않았다. 많은 기관들이 내가 일하는 동안 몇 차례나 이사를 다녔기 때문이다).

견습 과정의 일부로 나는 각 은행 대표들이 영국 신사의 상징인 실크해트를 머리에 쓰고 여전히 서로를 방문하던 자금시장 부서에 배치되어 시간을 보냈다. 우리는 매주 3개월 만기 재무부 채권에 대한 영국중앙은행^{BOE}의 입찰에 참여했다. 한 번은 중역들이 입찰 가격을 놓고 숙고를 거듭한 탓에 제시간에 입찰 접수를 하려면 영국중앙은행으로 뛰어 들어가야 했던 때가 있었다. 시간이 부족했기 때문에 은행에 들어서자 나는 마감 시간인 정오까지 입찰 접수를 받는 창구를 향해 나 있는 긴 복도를 달려 내려가기 시작했다. 그때 갑자기 쩌렁한 목소리가 들려왔다. "젊은이, 영국중앙은행에서는 뛰면 안 되네." 내 앞길을 막은 것은 평일 근무복인 분홍색 양복을 입은 은행 배달원 가운데 한 명이었다.

가까스로 창구에 도착하였지만 직원은 내 입찰 서류를 접수해줄 수 없다고 말했다. 어처구니없게도 내가 신청서를 잘못된 방법으로 접었기 때문이라는 것이었다. 직원은 지침서에 쓰인 그대로 정확히 접힌 용지만 접수했다. 결국 제시간에 입찰 접수를 하지 못하고 회사에 돌아가자 다들

곱지 않은 눈으로 바라봤던 기억이 난다.

물론 이런 시스템은 증권거래소 개장과 함께 오래 전에 사라졌다. 요즘은 이런 절차가 모두 전산으로, 또한 의심의 여지없이 보다 효율적이긴 하지만 완전히 기계적으로 처리되고 있다.

투자산업에서 가장 두드러진 두 가지 변화는 컴퓨터의 진보와 활용 가능한 정보량의 급증이다.

내가 이 일을 시작했을 당시의 표준 계산기는 A4용지 크기로 플러그를 연결해 사용하는 것이었다. 1980년대 초반 개인용 컴퓨터가 등장했고, 내 친구 하나가 한 대 신청하려던 기억이 난다. 하지만 그의 상사는 그 친구가 컴퓨터를 갖는 것을 싫어했다. 왜 그게 필요한지 이해할 수 없었기 때문이다. 스프레드시트 이전의 시대, 손익계산서와 재무상태표 추정치를 일일이 손으로 베껴 쓰고 계산기를 두드려 합산해야 했던 시대를 이제는 상상하기가 어렵다.

마찬가지로 당시에는 주당순이익은 물론 자본수익률 등 온갖 재무비율도 계산기로 구해야 했다. 당시 사용한 도구를 가지고는 현금흐름할인 모델을 다루는 것은 어마어마하게 복잡한 작업이었다.

처리 능력이 증대되면서 정보량도 함께 늘어났다. 오늘날의 기업들은 과거보다 훨씬 많은 정보량을 훨씬 규칙적으로, 대단히 상세한 부분에 이르기까지 쏟아내놓는다. 또한 중개업자가 발간하는 리포트도 몇 배나 늘어났다. 유럽 전역에 걸쳐 리서치 작업에 매진하는 중개업자들의 숫자도 마찬가지로 늘어났다.

내가 투자운용업에 몸담았던 초기에 이 직종에서는 데이터와 정보를 해석하는 것보다는 남들이 접근할 수 없는 정보를 수집하는 일이 중요했다. 하지만 오늘날은 정반대다.

1980년대와 1990년대에 우리는 경쟁자들보다 훨씬 나은 정보를 수집하는 시스템에서 경쟁우위가 있었다. 나는 특정 기업의 사무실을 직접 방문하고 돌아오면서 대부분 기업 방문의 기회도 갖지 않은 다른 투자자들보다 그 시점의 기업에 대해 더 많은 것들을 알게 되었을 거라고 생각하곤 했다.

그 당시만 해도, 특히 유럽 기업들은 공식적인 데이터를 거의 내놓지 않았다. 고작해야 드물게 나왔고 시의적절하지 않은데다 영어로 쓰이지 않은 것들도 많았다. 남들보다 우월한 정보를 갖고 있다는 것은 어마어마한 강점이었다. 또한 리서치 작업을 하지 않는 기관을 돕기 위한 중개회사의 리서치도 지금보다 훨씬 적었기 때문에, 경쟁자를 능가하는 실적을 낸다는 것은 누워서 떡먹기였다.

1980년대 초반만 해도 프랑스나 독일을 제외하면 유럽 대륙에서 중개회사가 자신들만의 리서치를 하는 일은 거의 없었다고 할 수 있다. 스칸디나비아 및 스페인 등을 대상으로 하는 전문가들도 보통 런던에 있었다.

내가 대학을 떠나 시티에 입문하기로 했을 때만 해도 투자운용업은 인기 있는 직업이 아니었다. 시티로 들어온 내 동년배들은 당시만 해도 인정받는 자리였던 기업금융을 주로 선택했다. 투자운용은 잘 알려지지 않은 분야였다(나 역시도 첫 직장에서 일을 시작하기 전까지만 해도 그게 뭔지 잘 몰랐다). 투자운용 부서를 가지고 있던 은행의 전통은 이 자리를 은행운용 같은 더 중요한 일을 하기 전에 잠깐 거쳐 가는 분야 정도로 인식하였다.

투자란 주로 개인 고객을 비롯해서 보험회사나 연금펀

드 같은 소수 몇몇 기관의 계좌를 돌보는 일이었다. 놀라운 얘기로 들리겠지만 성과 측정이란 것이 걸음마 단계였고, 전혀 고려되지 않던 시절이었다.

잘하건 못하건 주식을 선택하고 매수와 매도 절차를 처리하는 것이 그 자체로 훌륭한 기술이라는 시각도 있었다. 평균 또는 시장수익률 이상의 수익을 올린다는 개념이 막 도입되던 때였다.

1970년대만 해도 인덱스 펀드는 영국에서는 상대적으로 잘 알려지지 않은 개념이었다. 그러다 1970년대 말 로러드$^{Rowe\ Rudd}$라는 소형 중개업체가 인덱스 펀드 및 효율적 시장 가설에 대해 최초로 언급하면서 관심을 보이기 시작했다. 그들은 시대를 앞서가는 사람들이었다. 포트폴리오의 인덱스 지수화라는 개념은 오늘날에는 특히 대형 펀드를 중심으로 일반화되었다.

그 당시엔 투자운용회사의 자체적 리서치가 거의 없었다. 대부분 중개회사의 리서치나 추천에 의존했다. 이 추천이란 것이 그저 다른 투자자의 투자 행위에 대한 정보를 주거나 그런 행위를 인용하는 정도에 지나지 않았다. 이때만 해도 투자의 비밀 보장이란 개념이 강조되던 때가 아니었다. 때때로 그룹의 점심식사 자리에서 경영진을 만날 기회도 있었다. 유럽 기업이 런던을 방문하면 기업 사람들이 한 테이블에, 투자자는 또 다른 테이블에 앉아 커피를 앞에 놓고 기업 측의 짧은 연설에 이어 투자자 쪽에서 두세 가지 질문을 하는 시간이 마련됐다.

중개업자의 리서치는 모든 고객에게 전달됐다. 그럼에도 모두가 동시에 같은 정보를 얻어야 한다는 규칙이 지금처럼 엄격하게 세워져 있진 않았다(실은 어떤 규칙도 없었다고 볼 수 있다). 따라서 선두로 치고 나갈 수 있는 기회는 풍부하게 널려 있었다.

몇몇 상업은행을 제외하곤 펀드매니저 각자가 자신만의 매수·매도를 할 수 있는 별도의 딜링 데스크나 부서 등은 없었다. 중개업자에게 전화로 추세에 대해 토론하며 주문을 내고 처리 보고를 받는 등의 일이 일상이었다.

또한 이 시절엔 주식을 매수한 후 매매 계약을 하기 전에 하루나 이틀 동안 추이를 보아가며 이를 어떤 계좌에 배분할지를 결정할 수도 있었다. 은행은 성공적인 거래는 은

Chapter 20 투자 세계의 어제와 오늘

행 계좌나 직원의 개인 계좌에 집어넣고 성공적이지 못한 거래는 고객 계좌에 집어넣는다는 소리가 들려오기도 했다! 다행히도 이런 관행은 오래 전에 뿌리 뽑혔다.

이 시절엔 로이터나 블룸버그 단말기도 없었다. 내가 처음 본 것은 런던증권거래소 자체의 주가 관련 시스템이었던 것으로 기억된다. 물론 주가와 뉴스 아이템 등 아주 기초적인 정보만 제공됐다. 데이터를 처리하거나 다른 소스에 접근할 수 있는 기능도 없었다.

주식거래와 관련된 매매 계약서는 일일이 손으로 점검됐고, 모든 매매 계약서가 정확하다는 것을 표시하기 위해 감독자나 펀드매니저가 서명을 하는 일도 드물지 않았다. 피델리티에서 일하던 초창기에 나도 이런 일을 하곤 했다 (나는 더 많은 매매 계약서를 더 빨리 처리하기 위해 내 서명이 새겨진 고무 도장을 사용했다).

투자회사의 주식 관련 부서와 채권 관련 부서 사이에는 교류가 거의 없었다. 당시 경쟁사에서 일하는 채권운용업자와의 만남은 마치 전혀 다른 직종에 종사하는 사람과의 만남과도 같았다. 당시에는 두 가지 영역이 그렇게도 달랐던 것이다.

또한 우리는 지구상의 다른 곳에서는 무슨 일이 일어나고 있는지, 주가는 어떻게 결정되고 있는지에 대해서도 아는 게 거의 없었다. 미국, 극동, 유럽, 영국 업무 부서들이 모두 분리돼 있었고 서로 많은 말을 나누지도 않았다. 나는 영국 전문가였지만 내가 보유한 주식과 유사한 업종에 있는 기업이라도, 심지어 경쟁관계라 할지라도, 다른 지역에 있는 기업에 대해서는 잘 알지 못했다.

당시에는 헤지펀드가 극히 적었다. 사모펀드가 있긴 했지만, 주식이 주요 관심 분야인 사람이 이와 마주칠 기회는 거의 없었다. 상장회사가 비상장회사로 탈바꿈하는 거래도 극히 드물었다. 헤지펀드는 단기에 초점을 맞춰 경쟁 범위를 넓혔고, 퀀트펀드의 성장으로 더 많은 돈이 단기 모멘텀을 좇게 됐다. 따라서 과거보다 추세가 장기화되고 (위쪽으로건 아래쪽으로건) 과잉반응하는 경우가 더 많아졌다. 어떤 측면에서는 단기적 사건에 확실하게 반응하면서 시장이 더욱 효율적이 되기도 했다. 하지만 헤지펀드의 성장과 추세에 편승하려는 모멘텀투자자와 계량적 펀드로 인해 가격

왜곡 기간이 생겨나면서 장기적 관점의 투자자에게 더 많은 기회가 생겨나고 있다고 나는 확신한다.

또 다른 큰 변화는 밸류에이션 모델에서 생겨나고 있다. 우리에게 주가수익률이나 이익률 외에 뚜렷한 척도가 없던 초창기에 때때로 자본수익률이 언급되기도 했다. 기업의 가치 창출을 위해서는 자본비용부터 회수돼야 한다는 개념은 중대한 변화였다. 많은 기업들이 오랫동안 노동을 해왔으며, 투자자는 기업이 주주를 위해 어떤 가치도 창출해주지 않는데도 기꺼이 기업에 투자를 해왔다. 변화의 결과로 영국의 평균 상장기업의 자본수익률이 지속적으로 개선되었다.

오늘날 기업들은 훨씬 더 주주들을 신경쓴다. 그러나 초창기에는 많은 기업들이 주주의 관점이나 관심을 전혀 개의치 않았다. 특히 주가가 단기적으로 경영과 거의 이해관계를 갖지 않을 때였다. 일부 가족지배기업의 경우 때로는 세금 때문에 낮은 주가를 바라는 경우도 있었다. 이런 기업들은 주주의 요구를 맞춰주거나 그 관점에 반응할 의사가 없었다. 나는 주주의 전반적인 관심사가 기업 활동이나, 의결권 행사 등과 보다 깊이 연관되면서 전체적으로 기준을 끌어올렸다고 생각한다.

오늘날의 영국 기업은 평균적으로 기업운영 방식이나 주주를 위한 역할 등 모든 면에서 훨씬 좋아졌다. 따라서 평균적으로 밸류에이션 자체가 높아질 만하다. 특히 요즘 기업들 가운데 주주를 위한 가치를 창출하지 않는 곳은 극히 드물다. 현재의 기업들이 과거 수십 년 동안의 경우보다 훨씬 매력적인 투자 대상이 된 것이다.

시티는 여러 방면에서 더욱 나아졌으며, 전문성과 능력을 훨씬 더 중시하는 곳이 되었다. 그에 따라 소소한 재미는 좀 덜해졌을지 모르지만 말이다.

Chapter 21

투자 세계의 다섯 가지 이슈

마지막으로 최근 투자업계에서 관심을 모으고 있는 다섯 가지 주제에 대해 내 개인적인 의견을 밝히고자 한다. 그 다섯 가지는 사모펀드, 헤지펀드, 주주 행동주의, 세금에 대한 이중잣대 그리고 규제다.

1. 사모펀드

주기적인 경기침체에도 불구하고 사모펀드는 모든 금융시장에서 하나의 세력이 되었다. 사모회사에서 모집하는 펀드는 갈수록 커지고 있다. 앞에서도 언급했듯이 펀드가 커질수록 사모회사의 거래 규모 또한 대형화될 가능성이 높다. 하지만 거래 규모가 커질수록 그들 앞에 놓인, 즉 적합한 인수합병 후보를 찾기 위한 길은 줄어들고 있다.

보다 큰 기업을 매수할 가능성이 있는 곳 가운데 하나가 주식시장이다. 최근의 신용 위기가 해결되고 나면 이 같은 상장회사의 비상장화를 위한 합병이 더욱 큰 역할을 하게 될 것이라고 생각한다. 그러나 매각된 기업의 주주에게는 좋은 일이긴 하지만, 장기적으로는 꼭 그렇지만도 않다. 투자 가능 영역이 좁아지고, 특정 분야가 사라질 수 있으며,

독특한 특징을 지닌 투자 대상 기업이 사라질 수도 있기 때문이다. 하지만 이 갭을 메우기 위한 충분한 규모의 신주 발행이 이뤄질 가능성은 없어 보인다.

더욱 걱정스러운 것은 장기적으로 상장기업에서 사모회사로 우수한 두뇌가 유출될 수 있다는 점이다. 많은 훌륭한 최고경영자와 재무담당이사 등이 더 높은 보상을 찾아 상장기업을 떠났다. 이런 추세에 제동을 걸기 위해서는 다음의 두 가지 조건이 충족되어야 한다.

- 영국 상장기업의 평균 부채 수준이 더 높아져야 한다 (영국 기업의 EBITDA 대비 부채비율은 1.2배 정도이며, 부채 과다 기업 없이 정상적 신용 조건 아래에서라면 이 비율은 조금 더 높아져도 무방하다). 이렇게 된다면 사모펀드가 이런 기업들을 매수하면서 차입을 할 수 있는 여지도 그만큼 줄어들 것이다.
- 상장기업 경영진에 대한 보상이 커져야 한다. 이는 많은 기업들의 경영 방식과 배치되는 것일 수도 있다. 하지만 경영진 보상이 그들의 성공에 바탕을 둔 것이

고, 상업적 성공의 정의가 공정한 것이라면 여기에 제한을 가하려는 시도(절대적 급여 수준의 제한)에 대해서는 반대한다. 나는 경영진에 대한 보상이 주주에게 돌아가는 수익률과 비례해야 한다고 생각한다.

나는 또한 사모펀드의 인수 과정에서 나올 수 있는 일종의 상장된 껍데기 주식stub equity(기업의 입찰자가 인수 조건의 일부로 제시하는 지분. 사모펀드는 상장기업을 인수하고자 할 때 주주들에게 주식을 줄 수 없어 기존 주주의 동의를 얻기가 어려운데, 이를 타개하기 위한 방안의 하나이다. 이렇게 하면 인수자금 조달을 위한 상장기업 담보 차입금도 줄일 수 있다. 통상 이런 지분의 경우 주주 의결권 등이 일부 제한되고, 상장은 대체투자시장 등을 통해 이뤄지곤 한다—옮긴이)을 지지한다. 입찰의 경제적 이득을 누리기를 원하는 투자자들의 욕구를 만족시켜줄 수 있기 때문이다. 특히 이들이 높은 차입금이 불러올 위험 상승을 반기지 않는다면 더욱 그렇다.

또한 이 방법을 사용하면 인수가 이뤄지고 난 이후에도 일부 주주들은 기업에 대한 투자자로 남아 새로운 구조가 가져다 줄 잠재적 고수익의 혜택을 누릴 수도 있게 된다. 이 방법은 몇몇 기관투자자들의 구미를 당길 것으로 보인다. 하지만 지금까지는 이런 구조가 극히 드물게 이용돼왔다.

2. 헤지펀드

나는 헤지펀드를 반대하지 않는다. 내가 만난 최고의 운용자들 가운데 일부는 최종 근무지로 헤지펀드를 선택하기도 했다. 이들의 2+20 수수료 구조(연간 자산의 2%+이익의 20%)는 엄청난 유인책이 아닐 수 없다. 하지만 헤지펀드는 실력이 별로 없는 운용자들도 끌어들이고 있다.

지난 몇 년 동안 헤지펀드는 부유한 개인 및 가족기업(전통적으로 영국에는 거의 없는)의 영역에서 많은 주류 기관투자자들을 보다 광범위하게 이용하는 수단으로 변모해왔다. 이제는 평범한 영국의 개인투자자들에게까지 문호를 개방하는 움직임이 나타나고 있다. 이런 고객 기반의 변화로 인해 헤지펀드에는 막대한 돈이 유입됐다. 너무 많은 돈이 한 분야에 몰리면 수익률이 하락한다는 것은 투자업계의 불문율이다.

돈의 유입으로 생겨난 많은 펀드 가운데는 그 운용자의 자질이 검증되지 않은 것도 있었다. 따라서 나는 평균적 헤지펀드의 수익률은 떨어질 것이며, 보다 많은 문제가 생겨날 것으로 본다. 과거에 가능했던 레버리지 수준이 향후 몇 년 동안 불가능해진다면 말이다. 이렇게 되면 새로운 투자자들은 실적에 실망하게 될 것이다. 신용 위기로 인해 최우량 중개기관의 수는 물론 그 이용 가능성도 줄어든 반면, 중개기관이 헤지펀드에 제시하는 레버리지 비용은 증가했다.

자유로운 현물 매매뿐만 아니라 공매도도 하면서, 높은 수수료를 받고 헤지펀드를 운용한다는 것은 많은 자금운용자와 애널리스트들을 꼬드기는 매력 포인트다. 하지만 투자 영역의 다른 많은 일들처럼 이 역시 겉으로 보는 것만큼 쉬운 것은 아니며, 많은 헤지펀드가 실패로 돌아갔다(2007년 한해만 해도 110개의 헤지펀드가 새로 출범한 반면, 550개가 문을 닫았다).

헤지펀드 운용자가 되고 싶다는 열망이 넘치더라도 말을 갈아타기 전에 이 업종에 대해 빼어나게 서술하고 있는 바튼 빅스의 『헤지호깅Hedgehogging』이라는 책부터 읽어보기 바란다. 평균 수익률이 떨어지면(나는 그렇게 될 것이라고 본다) 해지율도 증가할 것이고, 결국 많은 펀드들이 향후 몇 년 내에 폐쇄될 것이다.

오랫동안 나는 기업들이 자사 주식을 공매도^{short}할 가능성이 있는 헤지펀드와 왜 대면 미팅을 갖고자 하는지 의문이 생겼다. 몇 년 전 한 친절한 최고경영자가 그 이유를 말해줬다. "헤지펀드 운용자와 갖는 미팅이 통상적인 롱펀드$^{long\ only\ fund}$(공매도 포지션을 취하는 것이 금지돼 있어 주로 현물 매수·매도만 하는 전통적인 펀드—옮긴이)와 갖는 미팅보다 더 나을 때가 많다. 투자 로드쇼에 나가 많은 미팅을 해야 할 때 우리는 적어도 미팅 가운데 일부는 경영진인 우리의 흥미를 유발하기를 바란다."

그는 평균적인 헤지펀드들이 기업에 대해 더 잘 알고 있고, 더 날카로운 질문을 던진다는 사실을 알고 있었다. 이 때문에 기업이 알아서 프레젠테이션하도록 내버려두고 질문도 몇 개밖에 하지 않는 롱펀드보다 헤지펀드와의 미팅이 훨씬 흥미롭다는 것이다.

하지만 그는 평균적인 피델리티와의 미팅이 훌륭한 헤

지펀드와의 미팅만큼이나 좋다고 말했다. 우리가 숙제를 제대로 해와서 재미있는 질문을 던지기 때문이라는 것이었다(그저 의례적으로 하는 말은 아니었다고 본다!). 롱펀드와 미팅을 하고자 하는 최고경영자들의 열의가 상대적으로 떨어진다는 그의 말이 옳다면(그가 거짓말할 이유는 없어 보인다), 롱펀드는 장기적으로 볼 때 스스로 명을 재촉하고 있는 셈이다.

중개업자에게 헤지펀드의 중요성이 점차 커지고 있는 만큼 우리의 거래 행위와 투자 의견의 비밀 보장에 대한 우려도 증가하고 있다(우리의 거래 대부분은 중개업체를 통해 이뤄지고 있다). 때때로 중개업자들은 필요 이상으로 우리의 애널리스트를 채근하여, 우리의 투자 의견에 대해 뭔가를 얻어내고자 한다. 헤지펀드는 사소한 정보라도 자기들에게만 알려준다면 많은 돈을 지불하기 때문에, 중개업자에게 정보가 새어나가는 것은 실재하는 위험이다.

헤지펀드에 대한 우리의 결론은 전통적인 롱펀드와 헤지펀드 사이의 갭이 줄어들고 있다는 것이다. 오늘날에는 투자운용 그룹에서 같은 조직 내에 이 두 가지 펀드를 다

거느리고 있는 경우도 적지 않다.

또한 양도 가능 증권의 집합투자collective investment(불특정 다수의 투자자 자금을 모아 유가증권에 투자하는 것—옮긴이)에 대한 규제를 담고 있는 유럽의 UCITSⅢ 법령에 따라 전통적 롱펀드 운용자들이 참여할 수 있는 활동 허용 범위가 넓어졌다. 새로 허용된 활동 가운데 두 가지가 헤징hedging과 사실상의 주식 공매도 허용이다(따라서 롱펀드는 더는 롱펀드가 아닌 셈이다!).

우리는 2006년 9월 주주총회 의결을 거쳐 '피델리티 스페셜 펀드'에 대해 이 같은 권한을 부여받았다. 앞으로 보다 많은 계약형 투자신탁unit trust이나 뮤추얼펀드 등이 이같은 권한을 갖게 될 것이다. 평균적 헤지펀드보다 수수료가 낮은 피델리티 스페셜 펀드의 수수료 구조에 비춰볼 때 명성 있는 투자기관에서 훌륭한 펀드매니저가 운용하기만 한다면, 이런 펀드의 수익률은 더 뛰어날 수밖에 없다.

3. 주주 행동주의

주주 행동주의와 내 이름은 밀접하게 관련돼 있다. 나는 소위 행동주의 지지자다. 회사의 의사결정에 직접 참여하는 주주는 중요하며, 이는 주주의 의무 가운데 하나라고 생각한다. 우리처럼 회사와 대화하고 경영진에 대해 좀 더 많은 미팅을 요구하고 싶다면 더욱 그렇다.

또한 우리 펀드가 대형화되자 나는 거액을 운용하는 데 따른 특혜를 누릴 수 있을 만한 활동을 하고자 했다. 현재 기업의 활동이 제대로 이뤄지고 있지는 않지만, 우리가 최대주주 가운데 하나이며, 전략이나 경영진에 변화만 주면 더 나은 실적이 가능할 것이라는 확신이 드는 기업에 대해서는 이 같은 행동주의가 선택의 폭을 넓혀주었다. 내 생각에 영국의 주주들은, 주가 급락에 대한 책임뿐만 아니라 위기에 빠진 은행의 현재 상황에 대한 책임을 져야 할 경영진들에게 적극적인 행동을 취하는 것 같지는 않다.

반면 소액 지분을 지닌 초단기 투자자가 적극적 주주 행동을 일삼으려는 데는 우려감이 든다. 주주들이 회사가 가야 할 방향에 대해 서로 다른 전망을 내놓는다면 경영진이 제 일을 하기가 어려워진다. 나는 이에 대해 다음의 두 가지 점을 우려하고 있다.

- 의사결정이 초단기로 이뤄지면 성공적인 기업운영을 할 수 없다. 적극적 주주들이 나서서 경영진에게 단기 의사결정을 강요하게 되면, 영국 기업의 전반적 전망이 악화될 것이다.
- 주주 행동주의에 반대하는 운동이 점차 커져가고 있다. 이들은 특정 상황에서 의결권을 제약함으로써 주주 영향력을 축소해야 한다는 제안마저 내놓고 있다. 내 생각에는 이 역시 좋지 않은 전개 방향이다. 선의의 기관투자자들이 기업에 행사하는 영향력을 약화시킬 것이기 때문이다.

우리는 1주 1의결권 원칙을 강력히 지지한다. 나는 또한 전문 투자자들이 서로의 투자 대상에 대해 얘기하는 것을 금지하려는 어떠한 법령에도 반대한다. 이런 유형의 규제는 이미 독일에서 제안된 바 있다. 우리는 기업 행위와 관련한 특정 이슈에 개입하기 전에 거의 예외 없이 다른 기업의 대주주와 토론을 통해 우리의 관점이 공유될 수 있는지를 검증하고 있다.

4. 세금에 대한 이중잣대

인지세stamp duty(주식이나 부동산을 취득할 때 내는 세금—편집자)는 많은 투자자들에게 자발적인 세금이 됐다. 대부분의 헤지펀드와 다수의 해외 투자자 그리고 더 많은 개인투자자들이 차익거래 또는 실제 주식을 사기보다 주가 움직임에 투자하는 방법으로 이 세금을 회피하고 있다. 반면 대부분의 국내 연금펀드, 보험회사 및 투자신탁 등에서는 인지세를 내야 한다. 영국의 공적 저축의 대부분을 운용하는 이런 전통적 기관이 차별대우를 받는 것은 불공평해 보인다.

규칙이 변하지 않으면 더욱더 많은 기관이 세금 회피 구조를 이용할 수밖에 없으며, 나는 이에 대해 그들을 비난할 수 없다고 생각한다. 이 세금이 철폐되어 이중 잣대가 없어지든지, 영국 금융기관을 차별하지 않는 공정한 경쟁의 장이 마련되어야 할 것이다.

5. 규제

이 장을 끝내기 전에 현재의 은행 위기 및 이와 관련된 장기적 시사점에 대해 짚고 넘어가지 않을 수 없다. 많은 논평가들은 이번 사태가 가라앉고 나면 제일 먼저 대두될 결과 가운데 하나가 규제의 강화일 것이라고 말하고 있다. 규제 강화라는 목적의식에 휘둘려 목욕물과 함께 아기까지 버리는 우를 범하지 않기만을 바랄 뿐이다.

이런 규제 가운데 일부가 투자운용업에 영향을 미칠 것이라는 사실은 의심의 여지가 없다. 주요 초점은 상업은행 및 투자은행의 부채 및 자본비율을 보다 강력하게 통제하는 데 맞춰질 것이다. 예를 들어 2004년까지 미국의 주요 투자은행의 부채비율은 법령으로 강력하게 제한돼 있었다. 하지만 이 법령이 느슨해지면서 상황을 현재의 위기까지 악화시킨 원인 가운데 하나가 되었다. 때문에 과거와 같은 통제 수준으로의 회귀 가능성이 높다. 뿐만 아니라 보다 글로벌한 규제의 틀이 마련될 것으로 보인다.

우리가 몸담고 있는 글로벌 금융 공동체에서는 지역별 또는 국가별 규제 당국이 경쟁을 하기보다 반드시 공동으로 움직여야 한다. 또한 시간 간격을 두고 하나씩 같은 방향으로 움직여야 한다. 영국의 규제 당국은 대부분 미국 및 유럽 규제 당국에 뒤처져서 행동해왔다. 이는 영국 금융기관들에게 최대의 이익을 가져다주는 방향은 아니었다. 부분적으로는 재무부, 잉글랜드은행(BOE), 금융감독청(FSA)이 모두 개입하는 영국 규제 당국의 3인 1조식 본질을 보여주는 셈이다. 이런 시스템이 살아남을 수 있을지에 대해서는 의문이 든다.

국가적 관행이 충돌할 수 있는 또 다른 영역은 리먼 브라더스 같은 투자은행이 파산하는 지점이다. 후속 관리의 형태는 지역별로 달라 어떤 곳에서는 증권 거래가 문제 없이 제자리를 잡기도 하지만, 영국 등 다른 지역에서는 그렇게 되지 못하기도 한다. 영국이 이처럼 사뭇 다른 행정 처리 절차를 고수한다면 기관투자자들이 런던보다, 예를 들면 제네바 같은 곳에서 거래하는 것이 훨씬 안전하다는 것을 알게 되면서 런던은 쇠락해갈지도 모른다.

일반적으로 규제는 좋은 것이며 금융 시스템을 강화해 은행 시스템 전체가 교착상태에 빠지게 되는 현재와 같은 위기를 회피할 수 있게 해준다. 늘 그래왔듯이 가장 열악한 상황이 최선의 투자 기회를 제공할 수 있다.

Chapter 21 투자 세계의 다섯 가지 이슈

지난 35년을 돌아볼 때 이렇게 매력적인 특성을 가진 업종에 종사할 수 있었다는 것은 행운이라고 생각한다. 이 기간 동안 이 업종은 놀랄 만한 성장을 보였다. 적어도 내가 현업에 있던 기간 동안은 런던이 걸출한 하나의 센터가 되었던 영역이다. 또한 전 세계적으로 최고의 경영자들을 만나 지적 자극을 받을 수 있었던 분야다. 뿐만 아니라 나는 이 기간 동안 거의 모든 비즈니스의 흐름을 시작 단계부터 내려다볼 수 있었다.

마지막으로 이 업종은 흥미롭고도 재능 있는 사람들을 만날 수 있도록 해주었으며, 무엇보다도 대단히 재미있었다. 또한 나는 재임 기간 동안 많은 것을 배웠다. 그 가운데 일부를 이 책을 통해 독자들에게 전해줄 수 있었기를 바란다.

Anthony Bolton's lesson from a life running money

PART 3

전설적 투자자가
밝히는 투자의
진실과 교훈

기업을 평가할 때 고려해야 할 점들

- 독점적 사업력의 가치를 평가하는 것부터 시작하라.
- 10년 후에도 생존하며, 더욱 가치 있는 기업이 될 것인가?
- 기업이 스스로의 운명을 통제하고 있는가?
- 비즈니스 모델은 이해하기 쉬운가?
- 현금을 창출하는 사업인가?
- 평균 회귀는 자본주의의 명확한 진리 가운데 하나다.
- 기업이 제시하는 전망치를 경계하라.
- 기업과의 미팅 시간 가운데 일부를 다른 기업에 대해 얘기하는 데 할애하라.
- 기업에 대해 의문이 생기면 현금흐름을 검토해보라.

경영진을 평가할 때 고려해야 할 점들

- 정직과 개방성이 무엇보다 중요하다.
- 능력과 신뢰성에 의문이 생기면 기업에 대한 투자를 피하라.
- 기업의 전략, 영업, 재무 측면에 대해 소상히 알고 있는가?

- 경영진의 목표 및 인센티브가 주주의 것과 일치하는가?
- 경영진의 주식거래가 그들의 언행과 일치하는가? 또는 충돌하는가?
- 사람은 잘 변하지 않는다. 신뢰하는 경영자에게 투자하라.

주식에 투자할 때 고려해야 할 점들

- 여러분이 보유한 모든 주식에는 투자 근거가 있어야 한다.
- 투자 근거를 정기적으로 검증해보고, 더는 유효하지 않으면 주식을 매도하라.
- 주식투자를 주당 가격에 기업 전체를 사들이는 일처럼 바라보라.
- 주식의 매수가는 잊어라.
- 열린 마음으로 반대 근거를 설정하라.
- 목표가격이 아니라 확신이라는 관점에서 생각하라.
- 잃은 방법으로 되찾으려 하지 마라.
- 주식을 사기 전에 다음 여섯 가지 요인을 고려하라.
  - 독점적 사업력의 가치
  - 경영진

- 재무 구조
- 역사적 주가에 대한 기술적 분석
- 역사적 밸류에이션
- 기업이 인수합병될 전망

감정을 다스릴 때 기억해야 할 점들

- 현실만큼 직관을 중요시하라.
- 시장에 귀를 기울임과 동시에 독자적인 자기 생각을 유지하는 일이 어우러질 때 성공적 투자가 이뤄진다.
- 주식시장은 단기적으로는 가치를 재는 저울이라기보다는 투표 계산기에 불과하다.
- 주식의 내재적 매력과 관련 없는 극단적인 감정적 요인은 주요한 기회를 제공하거나, 위험 요소가 될 수 있다.

포트폴리오를 구성할 때 고려해야 할 점들

- 보유 지분의 규모는 확신을 반영해야 한다.
- 과거 성과의 원인을 평가하는 데 너무 많은 시간을 쏟지 마라.

- 우리의 포트폴리오는 '최근 시점의 새로운' 포트폴리오를 최대한 비슷하게 반영해야 한다.
- 지수^{Index}의 비중에 지나치게 관심을 두지 마라.
- 한꺼번에 크게 움직이지 말고, 점진적으로 규모를 늘려가라.
- 보유 주식에 대해 절대 감정적으로 집착해선 안 된다.
- 투자는 연속적인 실수의 과정이다. 너무 자주 잃지만 않으면 이긴다.
- 투자 근거가 무력화된 경우, 목표가격에 도달한 경우, 더 나은 주식을 찾은 경우라면 주식을 팔아라.
- 보유 주식이나 보유를 고려 중인 주식에 의문이 생기면 보유하고 있는 주식 가운데 가장 유사한 종목과 직접 비교해보라.
- 보유 주식에 대한 철저한 관리와 새로운 주식의 발굴을 위한 시간 분배 사이에서 균형을 잡아라.

투자 위험을 줄이고 싶을 때 잊지 말아야 할 점들

- 내 최대의 실수는 언제나 부실한 재무상태표를 가진 기업

에서 비롯됐다.
- 기업 환경이 악화되면 부채 비중이 큰 기업에 투자한 사람이 가장 많이 잃는다.
- 나쁜 소식은 잘 전파되지 않는다는 점을 명심하라.
- 몇 년간 좋은 성적을 내온 주식을 달리 쳐다보라. 아직 실현되지 않은 잠재 수익이 크다고 해도 경기후퇴기에 취약하다.
- 시세 상승 여력이 남아 있어 음악이 멈추기 전에 팔아치울 수 있으리라고 투자자들이 기대하는 '수건돌리기식 주식'을 피하라. 모멘텀으로 인해 과대평가된 주식이다.

기업의 회계 자료를 볼 때 유의할 점들

- 기업의 발표문 및 정보는 원안으로 읽어라. 중개업자의 요약본에 의존하지 마라.
- 회계 계정에 따라붙는 주석을 주의 깊게 읽어라. 중요 정보가 주석에 숨어 있을 수 있다.

밸류에이션을 평가할 때 고려해야 할 점들

- 하나의 가치평가 척도에만 의존하지 마라. 특히 PER만 따지지 마라.
- 주식을 싸게 사면 안전마진이 확보된다.
- 정상가치에서의 이탈은 중소기업 주식에서 많이 나타난다.
- 적어도 20년간의 역사적 주가 변동을 고려하여 현재의 밸류에이션을 살펴보라.
- 역사적 수준 대비 밸류에이션이 낮을 때 주식을 매수하면 돈을 벌 확률이 높아진다.
- 절대적 밸류에이션을 잊지 마라.
- 상승장이 펼쳐지면 일반적으로 밸류에이션 측정 방법의 보수성이 퇴색하며, 하락장의 경우엔 그 반대가 된다.

M&A 대상 기업 찾는 법

- M&A 대상이 될 수 있는 기업을 매수하라.
- 대기업은 인수합병될 가능성이 낮다.
- 때때로 주주 명단에서 가능성 있는 인수 후보의 단서를 찾을 수 있다.

- 아주 빨리 성사될 M&A 대상을 예측할 수 있는 능력에 대해서는 회의적으로 생각하라.

미인주 찾는 법

- 내 접근법의 핵심은 저평가된 업황 회복주를 사는 것이다.
- 인기 없는 주식을 선호하라.
- 매수 대상 기업의 새로운 경영진이 우리가 추적할 수 있는 분명하고도 구체적인 업황 회복 계획을 가지고 있는가?
- 업황 회복주는 모든 정보를 다 확보하기 전에 매수해야 할 수 있다.
- 최고의 성과를 올린 몇몇 주식들은 매수할 때만 해도 불편하게 느껴졌던 것들이다.
- 큰돈을 벌 수 있는 가능성은 높으면서 하락 가능성은 제한적인 '비대칭적 보상' 주식을 찾아보라.
- 장기적으로는 가치주가 성장주를 압도한다.

현명하게 사고파는 법

- 숙련된 중개업자에게 위임하고 알맞은 자율성을 부여하라.

- 나는 극소수의 거래에 대해서만 엄격한 제한을 둔다.
- 공격적이어야 할 때와 시장이 우리에게 먼저 손을 내밀 때까지 기다려야 할 때를 알아야 한다.
- '우수리 없는 숫자'로 한도를 설정하지 마라. 이는 대부분의 포트폴리오 매니저들이 저지르는 실수다.
- 인내하라. 대부분의 주식은 언제나 두 번째 기회를 준다.
- 블록 딜은 가장 싸게 대량 거래할 수 있는 기회를 준다.

기술적 분석 활용하는 법

- 내가 맨 처음 확인하는 것은 주가 차트다.
- 기술적 분석을 이용하여 기본적 분석에 의한 전망과 교차 점검하라.
- 자신에게 적합한 방법을 찾아내 그것을 고수하라.
- 기술적 분석은 대형주에 더 적합하다.
- 수익을 내는 주식은 보유하고 손실이 난 주식은 팔아라.

최적의 투자 시점 찾는 법

- 지속적으로 성공적인 매수 시점을 찾아내기란 어렵다.

- 개인투자자는 장기적 관점을 가져라. 향후 3년간 필요한 돈을 모두 주식시장에 넣지 마라.
- 주식시장은 미래를 미리 파는 훌륭한 할인점이란 사실을 과소평가하지 마라.
- 시장의 일반적인 분위기를 거슬러 반대로 행동하는 것을 두려워하지 마라.
- 시장은 긍정적 사건 또는 부정적 사건에 대한 예측에 미리 반응한다.
- 앞으로의 전망이 아니라 주가에 포함된 가정을 고려하라.
- 상승장이 성숙 단계에 접어들면 위험한 주식을 정리하라.
- 상승장이 4~5년간 지속되면 경계심을 가져라.

"

세상 사람들이 나를 어떻게 볼지는 잘 모르겠다. 그러나 내 생각에, 나는 그저 거대한 미지의 바다가 내 앞에 놓여 있는데도 더 매끈한 조약돌이나 더 예쁜 조개껍데기를 찾는 데 온통 정신이 팔린 채 바닷가에서 놀고 있는 아이처럼 보였을 것 같다.

- 아이작 뉴턴

앤서니 볼턴이 운용한 펀드 내역

FIF 스페셜 시추에이션 펀드 Special Situation Fund
   1979.12~2007.12

피델리티 스페셜 가치주 펀드 Special Values plc
   1994.11~2007.12

피델리티 유럽 가치주 펀드 European Values plc
   1991.11~2001.12

FF 유럽 성장주 펀드 European Growth Fund
   1990.10~2002.12

FIF 유럽 펀드 European Fund
   1985.11~2002.12

피델리티 창립자 존슨에 대한 편지

투자계의 스타에 대한 존슨 회장의 관점

– 1984년 7월 〈기관투자자〉 지에서 –

선생님,

에드워드 C. 존슨의 부고기사에 실린 제리 차이^{Gerald} ^{Tsai}(1960년대 강세장 당시 피델리티에서 일했던 유명한 펀드매니저)에 대한 선생님의 글을 보노라니 20년 전 일이 생각납니다. 제리가 피델리티를 그만 두던 때의 일 말이죠.

피델리티의 모든 도매업자들이 투자의 귀재들과 연례회의를 갖기 위해 모였을 때, 제리가 없다는 사실은 심각한 문제였죠. 제리 차이 이야기를 하지 않고 오슈코시

Oshkosh(미국 위스콘신주 중동부에 있는 도시)의 중개업자들을 어떻게 설득할 수 있겠습니까?

존슨 씨는 우리를 모아놓고 이런 이야기를 들려줬습니다. 그의 이야기는 선견지명이 빛날 뿐만 아니라, 다른 스타들이 우리 회사를 떠나가던 그때에 특히 유용한 이야기였죠. 그는 말했습니다.

"잊지 마라. 스타는 상승 가도를 달릴 때 최고의 실적을 낸다는 것을. 스포츠, 예술, 사업 분야에서 모두 그렇다. 최고에 도달하면 그런 실적은 되풀이되지 않는다. 그들이 떠날 때 팀에는 다른 멤버들이 들어와 새로운 전설을 써내려 갈 수 있는 길이 열린다. 그러니 걱정하지 마라. 우리가 설계해둔 시스템 안에서는 재능이 계발되도록 되어 있으며, 시스템은 살아 있고 건재하다."

존슨 씨는 이처럼 세상의 돌아가는 이치를 알았던 분입니다.

듀발 헥트

참고문헌

Biggs, B. (2006) *Hedghogging*, John Wiley
Brewster, D., *Memoirs of Newton,* vol. IIm chapter 27
Buffett, M., and Clark, D. (2007) *The Tao of Warren Buffett,* Simon & Schuster
Buffett, W. (1983) Chairman's Letter, Berkshire Hathaway
Buffett, W. (1991) quoted in Grant, L. 'The $4-billion regular guy,' *Los Angeles Times,* 7 April, p.36
Buffett, W. (1996) Chairman's Letter, Berkshire Hathaway
Buffett, W., and Jaffe, T. (1987) 'What we can learn from Phil Fisher,' *Forbes,* 19 October, p.40
Churchill, W.S. (1949) *Great Contemporaries,* Odhams Press
Galbraith, J.K. (1961) *The Great Crash: 1929,* Pelican
Graham, B. (1949) *The Intelligent Investor,* Harper Collins
Graham, B. (1986) *Creating Shareholder Value: The new standard for business performance,* Collier Macmillan
Graham, B., and Dodd, D. (1934) *Security Analysis,* McGraw Hill
Grantham, G. (2006) GMO Special Topic Letter to the

Investment Committee VIII, July

Kaufman, P.D. (2005) *Poor Charlie's Almanack: The wit and wisdom of Charles T. Munger,* Donning

Keynes, J.M. (1936) *General Theory of Employment, Interest and Money,* Harcourt, Brace

Kupfer, A., 'Gates on Buffett', *Fortune,* 5 February, p.102

Legg Mason Shareholder's Letter (2005) fourth quarter (www.leggmason.co.uk)

Lynch, P., and Rothchild, J. (1993) *Beating the Street,* Simon & Schuster

Miller, B. (2005) 'Investor Insight–Bill Miller,' in *Value Investor Insight,* 2005

Miller, B. (2008) Legg Mason Investment Letter, 2 October (www.legmason.co.uk)

Rappaport, A. (2000) *Creating Shareholder Value: A guide for managers and investors,* Simon & Schuster

Summers, L.H. (2003) speech as president of Harvard University

Taleb, N.N. (2005) *Fooled by Randomness,* Random House

Templeton, J. (1995) quoted in Minard, L. 'The principle of maximum pessimism,' *Forbes,* 16 January, p.67

Train, J. (1994) 'The Icarus syndrome: in the pink,' *Financial Times,* Weekend Money, 26 November, p.2

Zeikel, A. (1983) 'Organizing for creativity,' *Financial Analysts Journal,* Nov-Dec, pp.25-29

ANTHONY BOLTON

INVESTING AGAINST THE TIDE

● 함께 읽으면 좋은 부크온의 책들 ●

예측투자	마이클 모부신, 알프레드 래퍼포트
투자도 인생도 복리처럼	가우탐 바이드
퍼펙트 포트폴리오	앤드류 로, 스티븐 포어스터
안전마진	크리스토퍼 리소길
권 교수의 가치투자 이야기	권용현
벤저민 그레이엄의 성장주 투자법	프레더릭 마틴
가치투자는 옳다	장마리 에베이야르
박 회계사의 재무제표 분석법 (개정판)	박동흠
워런 버핏처럼 주식투자 시작하는 법	메리 버핏, 션 세아
인생주식 10가지 황금법칙	피터 세일런
주식고수들이 더 좋아하는 대체투자	조영민
금융시장으로 간 진화론	앤드류 로
현명한 투자자의 지표 분석법	고재홍
투자 대가들의 가치평가 활용법	존 프라이스
워런 버핏처럼 가치평가 시작하는 법	존 프라이스
투자의 가치	이건규
워런 버핏의 주식투자 콘서트	워런 버핏
적극적 가치투자	비탈리 카스넬슨
투자의 전설 앤서니 볼턴	앤서니 볼턴
주식투자자를 위한 재무제표 해결사 V차트	정연빈
워런 버핏의 ROE 활용법	조지프 벨몬트
돈이 불어나는 성장주식 투자법	짐 슬레이터
현명한 투자자의 인문학	로버트 해그스트롬
워런 버핏만 알고 있는 주식투자의 비밀	메리 버핏, 데이비드 클라크
박 회계사의 사업보고서 분석법	박동흠
이웃집 워런 버핏, 숙향의 투자 일기	숙향
NEW 워런 버핏처럼 적정주가 구하는 법	이은원
줄루 주식투자법	짐 슬레이터
경제적 해자 실전 주식 투자법	헤더 브릴리언트 외
붐버스톨로지	비크람 만샤라마니
워렌 버핏처럼 사업보고서 읽는 법	김현준
주식 가치평가를 위한 작은 책	애스워드 다모다란
고객의 요트는 어디에 있는가	프레드 쉐드
투자공식 끝장내기	정호성, 임동민
워렌 버핏의 재무제표 활용법	메리 버핏, 데이비스 클라크
현명한 투자자의 재무제표 읽는 법	벤저민 그레이엄, 스펜서 메레디스